告别错别字

易错字歌谣100首

熊爸老黑◎著绘

U0874789

海豚出版社
DOLPHIN BOOKS
CICG 中国国际传播集团

图书在版编目（CIP）数据

告别错别字. 易错字歌谣100首 / 熊爸老黑著绘. 北京：海豚出版社, 2025. 5. — ISBN 978-7-5110-7407-2

Ⅰ. G624.203

中国国家版本馆CIP数据核字第2025TX4964号

出 版 人：王　磊
责任编辑：杨文建　白　云
项目编辑：葛荣华　冷国东
责任印制：于浩杰　蔡　丽
法律顾问：北京市君泽君律师事务所　马慧娟　刘爱珍

出　　版：海豚出版社
地　　址：北京市西城区百万庄大街24号
邮　　编：100037
电　　话：010-51262720（销售）010-68996147（总编室）
传　　真：010-68996147
印　　刷：唐山楠萍印务有限公司
经　　销：全国新华书店及各大网络书店
开　　本：710毫米×1000毫米　1/16
印　　张：32.5
字　　数：200千
版　　次：2025年5月第1版　2025年5月第1次印刷
标准书号：ISBN 978-7-5110-7407-2
定　　价：180.00元（全4册）

本书二维码自版权页所标注印刷之日起三年内有效　版权所有　侵权必究

前言

总是因为错别字而挨批的小朋友有福了，这套书就是专门解决这个问题的。

我们将形近字、同音字、多音字、易错字分门别类，以儿歌的形式讲述了800多个小学生常见的错别字，对它们进行了详细梳理与辨析。

这些儿歌准确生动，趣味性十足。比如《鸟·乌》：“‘鸟’和‘乌’，看眼珠：小鸟眼珠滴溜儿圆，看啥都清楚；乌鸦上下一身黑，眼珠找不到，可把人难住。”短短几句话，紧紧围绕“眼珠”这个区分“鸟”“乌”二字的关键因素展开，让人印象深刻。

我们还准备了搞笑漫画和有趣的冷知识内容，让阅读过程更轻松。

小朋友，准备好了吗？现在就开始阅读，告别错别字吧。

人物介绍

迷糊的大胃王，从小就有一个理想，成为一名美食家，所以他对一切与美食相关的东西都非常感兴趣。

猪小戒

性格火暴，心地善良，是猪小戒的克星。

板牙妹

运动健将，性格豪爽，是猪小戒的好伙伴。

孙小空

性格孤僻，在班上的人缘不好，除了猪小戒，其他同学都不爱与他交往。

金小角

目录

第三章 字义相近

第四章 字音、字形相近

第五章 字音、字义相近

孤 弧

易错字篇

扫码听儿歌

gū ér kě lián wú fù mǔ
孤儿可怜无父母，

gū shēn yì rén zhēn wú zhù
孤身一人真无助。

gǔ dài dì wáng zì chēng gū
古代帝王自称“孤”，

gāo gāo zài shàng yě gū dú
高高在上也孤独。

hú de běn yì shì mù gōng
“弧”的本义是木弓，

gōng bì wān qū yǒu hú dù
弓臂弯曲有弧度。

yuán quān shàng miàn gē yí duàn
圆圈上面割一段，

wān qū xiàn duàn shì yuán hú
弯曲线段是圆弧。

gū 孤：孤儿　孤独　孤单　孤僻

hú 弧：弧线　弧度　弧形　圆弧

告别错别字

汩 汨

易错字篇

shuǐ hé yuē zǔ chéng gǔ
“氵”和“曰”，组成“**汩**”，

yuē shì bǎ huà wǎng wài tǔ
曰是把话往外吐。

shuǐ liú shēng yīn hé yàng zi
水流声音和样子，

gǔ gǔ bù tíng chū shān gǔ
汩汩不停出山谷。

shuǐ hé rì zǔ chéng mì
“氵”和“日”，组成“**汨**”，

mì luó jiāng zài hú nán tǔ
汨罗江在湖南土。

qū yuán tóu jiāng zài zhè lǐ
屈原投江在这里，

zūn chēng tā wéi qū dà fū
尊称他为屈大夫。

扫码听儿歌

亨 享

扫码听儿歌

hēng xià shì le zǎ xíng róng
"亨"下是"了"咋形容？

xiàng rén bí zi bǎ qì tōng
像人鼻子把气通，

shùn lì tōng dá jiù shì hēng
顺利通达就是"亨"。

zǐ zì bǐ le duō yì héng
"子"字比"了"多一横，

bí zi wén wèir yào xiǎng yòng
鼻子闻味儿要享用，

xiǎng fú xiǎng lè bù xiǎng tíng
享福、享乐不想停。

hēng 亨：亨通　亨达　元亨　大亨

xiǎng 享：享受　享福　享乐　分享

狙

易错字篇

阻

扫码听儿歌

jū de yì si shì kuī sì
"狙"的意思是窥伺，

tōu tōu guān chá cáng àn chù
偷偷观察藏暗处。

cáng zài àn chù děng shí jī
藏在暗处等时机，

jū jī dí rén dǎ mái fú
狙击敌人打埋伏。

zǔ zì duō zhǐ xiǎn yào chù
"阻"字多指险要处，

gāo shān liú shuǐ lái dǎng lù
高山流水来挡路。

zhǐ yào zì jǐ bù fú shū
只要自己不服输，

jiān nán xiǎn zǔ lán bu zhù
艰难险阻拦不住。

jū 狙：狙击 狙刺 狙伺 狙杀

zǔ 阻：阻挡 阻碍 阻拦 阻力

易错字篇

坑 炕

当心坠坑

扫码听儿歌

kēng shì wā dì sì hǔ láng
"坑"是洼地似虎狼，

kēng shā kēng hài bú yòng qiāng
坑杀、坑害不用枪。

wā gè dà kēng bǎ rén mái
挖个大坑把人埋，

fén shū kēng rú qín shǐ huáng
焚书坑儒秦始皇。

tiān qì yán hán shuì huǒ kàng
天气严寒睡火炕，

kàng xia shāo huǒ kàng bù liáng
炕下烧火炕不凉。

xiǎo háir pán tuǐ zuò kàng tóu
小孩儿盘腿坐炕头，

xué zhe dà rén lào jiā cháng
学着大人唠家常。

kēng 坑：坑洼　土坑　火坑　坑害

kàng 炕：火炕　土炕　炕席　炕头

赖 懒

扫码听儿歌

lài de yì si shì yǐ zhàng
“**赖**”的意思是倚仗，

rén yǒu yī lài xīn bù huāng
人有依**赖**心不慌。

zhàng shì qī rén biàn le wèir
仗势欺人变了味儿，

sā pō dǐ lài xiǎng lài zhàng
撒泼抵**赖**想**赖**账。

yī lài bié rén shí jiān cháng
依**赖**别人时间长，

shá shì dōu xiǎng rén bāng máng
啥事都想人帮忙。

néng dòng shǒu shí bú dòng shǒu
能动手时不动手，

biàn chéng lǎn chóng làng fèi liáng
变成**懒**虫浪费粮。

lài
赖

依赖　抵赖　赖账　无赖

lǎn
懒

懒惰　懒虫　懒散　懒洋洋

茸

易错字篇

葺

扫码听儿歌

ěr shàng jiā cǎo shì wéi róng
耳上加草是为“茸”，

ěr duo yǎnr lǐ de róng máo
耳朵眼儿里的茸毛。

cǎo dì zhǎng cǎo lǜ róng róng
草地长草绿茸茸，

lù róng míng guì shì zhōng yào
鹿茸名贵是中药。

róng zhōng jiā kǒu shì wéi qì
茸中加口是为“葺”，

cǎo fáng dǐng shàng sān chóng máo
草房顶上三重茅。

xiū qì fáng wū hǎo zhù rén
修葺房屋好住人，

zhē fēng dǎng yǔ zhēn bù nāo
遮风挡雨真不孬。

róng 茸：茸毛　鹿茸　绿茸茸　毛茸茸

qì 葺：修葺一新　补葺

券 卷

易错字篇

扫码听儿歌

quàn shì qì jù fēn liǎng bàn
“**券**”是契据分两半，

xià miàn shì dāo néng pī kǎn
下面是“刀”能劈砍。

qiàn zhài de rén hé zhài zhǔ
欠债的人和债主，

gè ná yí bàn hǎo duì xiàn
各拿一半好兑现。

juàn zì xià miàn xiàng gè juǎnr
“**卷**”字下面像个**卷**儿，

juǎn chéng yuán tǒng tǐng fāng biàn
卷成圆筒挺方便。

huà juàn shǒu juàn hé cháng juàn
画**卷**、手**卷**和长**卷**，

kǎo shì zhī qián xiān lǐng juàn
考试之前先领**卷**。

quàn 券	债券	证券	国库券	入场券
juǎn 卷	卷尺	卷入	席卷	风卷残云
juàn 卷	画卷	试卷	卷轴	卷宗

试 拭

扫码听儿歌

计算题

1+1=　　1+2=

3+1=　　2+3=

3+2=　　4+1=

shì zì yǒu yán shì kǎo shì
“**试**”字有“讠”是考**试**，

yí wèn yì dá xué yǔ shī
一问一答学与师，

zēng jiā jiàn shi qín cháng shì
增加见识勤尝**试**。

shì zì yǒu shǒu shì cā shì
“**拭**”字有“扌”是擦**拭**，

cā shì zhuō yǐ lái zhí rì
擦**拭**桌椅来值日，

qīng jié wèi shēng yào bǎo chí
清洁卫生要保持。

shì
试

shì
拭

祟 崇

扫码听儿歌

shì tōng shén guǐ shì jì tái
"示"通神鬼是祭台，
xiǎo guǐ chū lái ài zuò guài
小鬼"出"来爱作怪。
gǔ rén mí xìn xiā lián xiǎng
古人迷信瞎联想，
shuō suì shì guǐ zào de zāi
说"祟"是鬼造的灾。
zǔ zong wèi gāo wēi xìn zài
祖宗位高威信在，
shān zōng wéi chóng shòu yōng dài
"山""宗"为"崇"受拥戴。
chóng gāo chóng jìng hé tuī chóng
崇高、崇敬和推崇，
qīn pèi xìn rèn shì chóng bài
钦佩信任是崇拜。

suì 祟：作祟　邪祟　鬼鬼祟祟

chóng 崇：崇山峻岭　崇高　崇敬　崇拜

赝

膺

扫码听儿歌

yàn xià yǒu bèi dòng rén xīn
“赝”下有“贝”动人心，

nòng xū zuò jiǎ chū yàn pǐn
弄虚作假出赝品。

yīng shì xiōng táng xià yǒu ròu
“膺”是胸膛下有肉（月），

yǐ shǒu fǔ yīng qì lì sǔn
以手拊膺气力损。

xiōng qián dài duǒ dà hóng huā
胸前戴朵大红花，

róng yīng láo mó píng xiān jìn
荣膺劳模评先进。

yàn 赝：赝品　赝本　赝币　赝鼎

yīng 膺：拊膺　义愤填膺　荣膺　膺受

坠 堕

扫码听儿歌

zhuì hé duò wǎng xià luò
“坠”和“堕”，往下落，

diào zài dì shàng ài chuǎng huò
掉在地（土）上爱闯祸。

fēi jī zhuì luò sǔn shī zhòng
飞机坠落损失重，

gāo kōng zhuì wù zhēn quē dé
高空坠物真缺德。

hái yǒu tān wū hé fǔ bài
还有贪污和腐败，

bù sī shàng jìn zhēn duò luò
不思上进真堕落。

zhuì 坠：下坠　坠落　耳坠　天花乱坠

duò 堕：堕落　堕马

fēn xiǎng　　fēn hēng
分享—分亨

fēn xiǎng

分享：就是和别人分着享受、使用、行使，多指美好的事情。

例句：学会分享，可以让我们有更多好朋友。

hēng

如果你错写成了分**亨**……

“享”字的意思是物质或精神上受用，得到满足，如享受、分享等；“亨”字的意思是通达顺利，如亨通、元亨等。

quàn zǔ　　quàn jū

劝阻—劝狙

quàn zǔ

劝阻：劝说、阻止别人做某事或进行某种活动。

例句：有人乱丢垃圾，猪小戒连忙上前劝阻。

jū

如果你错写成了**劝狙**……

“阻”字指险要的地方，引申出拦挡、艰难等意思，如劝阻、阻挡等；“狙”字的意思是暗中窥伺，如狙击等。

必 毕

扫码听儿歌

bì shì yí dìng hé kěn dìng
“必”是一定和肯定，
bì jiāng dào lái huò fā shēng
必将到来或发生。
kàn sì bì rán wèi bì rán
看似必然未必然，
shì wú jué duì zhī biàn tōng
事无绝对知变通。
bì shì wán jié hé wán quán
“毕”是完结和完全，
bì yè bì jìng hé bì shēng
毕业、毕竟和毕生。
dá tí wán bì yào jiǎn chá
答题完毕要检查，
yǎng chéng yán jǐn hǎo zuò fēng
养成严谨好作风。

趁
称

扫码听儿歌

chèn de yì si shì zhuī gǎn
“趁”的意思是追赶，
chèn shì chèn jī hé chèn biàn
趁势、趁机和趁便。
chèn rè dǎ tiě xiào lǜ gāo
趁热打铁效率高，
chèn zǎo nǔ lì bié tōu lǎn
趁早努力别偷懒。
chèn de yì si shì shì hé
“称”的意思是适合，
duì chèn yún chèn hé chèn yuàn
对称、匀称和称愿。
shèng rèn gōng zuò jiào chèn zhí
胜任工作叫称职，
chèn xīn rú yì xiào kāi yán
称心如意笑开颜。

chèn 趁：趁早　趁机　趁便　趁势

chèn 称：称职　对称　匀称　相称

chēng 称：称量　称呼　名称　俗称

齿 耻

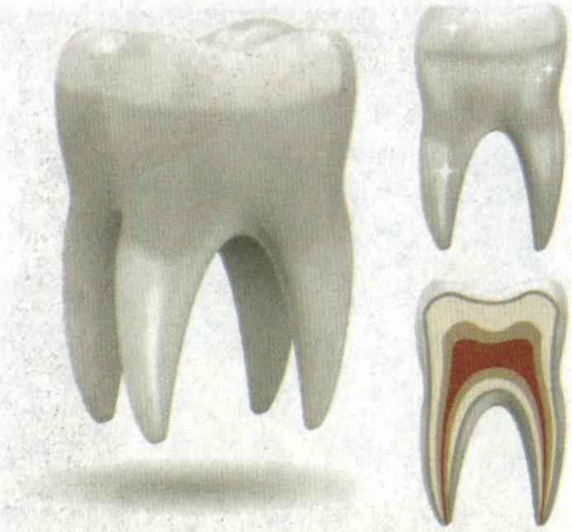

扫码听儿歌

jǔ jué shí wù kào yá chǐ
咀嚼食物靠牙**齿**，

yì kǒu hǎo yá zhēn hǎo shǐ
一口好牙真好使。

yǒu le qǔ chǐ yá huì huài
有了龋**齿**牙会坏，

zǎo wǎn shuā yá yào jiān chí
早晚刷牙要坚持。

ěr zì jiā zhǐ jiù shì chǐ
“耳”字加“止”就是“**耻**”，

zhī chǐ cái néng zhī xiū zhǐ
知**耻**才能知休止。

néng zuò hái shi bù néng zuò
能做还是不能做，

dǒng de xiū chǐ xīn zì zhī
懂得羞**耻**心自知。

chǐ
齿

牙齿　龋齿　齿轮　人所不齿

chǐ
耻

羞耻　耻辱　可耻　无耻

吊 掉

扫码听儿歌

dào niàn sǐ zhě jiào zuò diào
悼念死者叫作“吊”，

píng diào diào sāng hé diào xiào
凭吊、吊丧和吊孝。

xuán guà dōng xi jiào diào zhe
悬挂东西叫吊着，

diào dēng diào shān hé shàng diào
吊灯、吊扇和上吊。

qì chē zhuǎn wān jiào diào tóu
汽车转弯叫掉头，

tōu huàn dōng xi jiào diào bāo
偷换东西叫掉包。

hǎo hǎo xué xí bié diào duì
好好学习别掉队，

huài de xí guàn yào gǎi diào
坏的习惯要改掉。

diào 吊：吊丧　吊孝　吊灯　提心吊胆

diào 掉：掉转　掉头　扔掉　掉以轻心

个 各

易错字篇

yí gè liǎng gè sān sì gè
一个、两个、三四个，

hái zi pái duì qù chàng gē
孩子排队去唱歌。

gè zi gāo de zài hòu miàn
个子高的在后面，

tā men shì gè xiǎo zǔ hé
他们是个小组合。

gè zì zhàn hǎo kāi shǐ chàng
各自站好开始唱，

nǐ zhāng zuǐ lái wǒ tǔ shé
你张嘴来我吐舌。

yīn diào gè gè dōu bù zhǔn
音调各个都不准，

qì fēn dào shì tǐng huān lè
气氛倒是挺欢乐。

扫码听儿歌

gè 个：个子　每个　个人　个性

gè 各：各位　各种　各自　各式各样

究 咎

扫码听儿歌

páo gēn wèn dǐ jiào zuò jiū
刨根问底叫作“究”，

zhuī jiū tuī jiū hé tàn jiū
追究、推究和探究，

wèn tí tài nán děi yán jiū
问题太难得研究。

guài zuì chǔ fá jiào zuò jiù
怪罪、处罚叫作“咎”，

bāo lǎn guò shī jiào yǐn jiù
包揽过失叫引咎，

jì wǎng bú jiù bú yòng jiū
既往不“咎”不用“究”。

jiū 究：追究　研究　讲究　究竟

jiù 咎：归咎　引咎　既往不咎　咎由自取

加 假

易错字篇

扫码听儿歌

yī jiā yī, shì jiā fǎ,
一加一，是加法，

yì diǎn yì diǎn wǎng shàng jiā。
一点一点往上加。

rì jī yuè lěi jī chǔ láo,
日积月累基础牢，

gài qǐ gāo lóu hé dà shà。
盖起高楼和大厦。

bù zhēn shí, shì xū jiǎ,
不真实，是虚假，

nòng xū zuò jiǎ rén pǐn chà。
弄虚作假人品差。

"jiǎ" zì hái néng biǎo jiè yòng,
"假"字还能表借用，

bù "jiǎ" sī suǒ bú yòng "jiā"。
不"假"思索不用"加"。

jiā 加：增加　加倍　加法　加工

jiǎ 假：真假　假话　假如　假借

jià 假：假日　假期　度假　寒假

角 脚

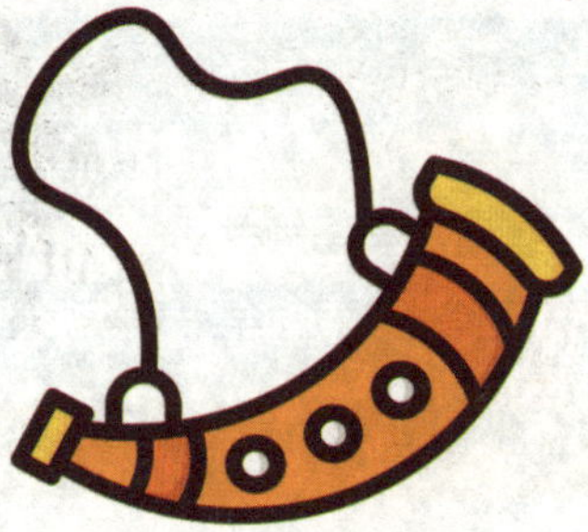

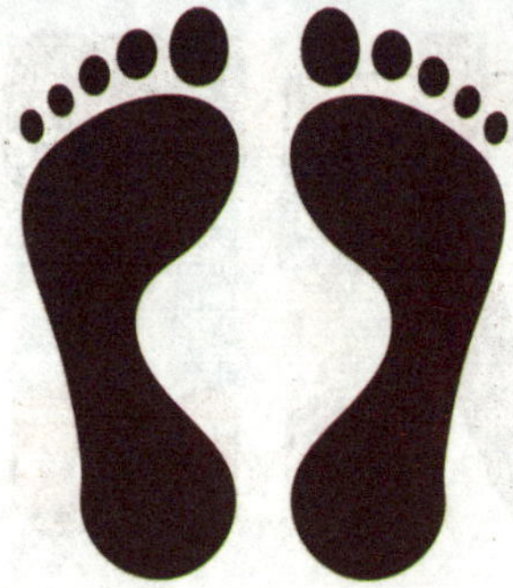

扫码听儿歌

niú yǒu jiǎo, yáng yǒu jiǎo,
牛有**角**，羊有**角**，

niú yáng tóu dǐng zhǎng jī jiao
牛羊头顶长犄**角**。

líng jiao、hào jiǎo hé zhí jiǎo,
菱**角**、号**角**和直**角**，

shù zhī méi huā kāi qiáng jiǎo
数枝梅花开墙**角**。

nǐ yǒu jiǎo, wǒ yǒu jiǎo,
你有**脚**，我有**脚**，

rén rén yǒu jiǎo bù néng shǎo
人人有**脚**不能少。

gǎo hǎo tuán jié chéng tuán duì,
搞好团结成团队，

xiǎo xīn bèi rén wā qiáng jiǎo
小心被人挖墙**脚**。

jiǎo
角

牛角　菱角　直角　号角

jiǎo
脚

脚掌　脚步　脚印　脚踏实地

冷知识课堂

差强人意到底是满意还是不满意?

差和强怎么会放在一起，难道有又差又强的人？这不太可能啊！

实际上差和强都是多音字，这里的“差”读作“chā”，意思是稍微地；“强”读作“qiáng”，意思是振奋。

差强人意指还算能振奋人的意志，形容大体上还能使人满意，但不是特别满意。

名落孙山中的“孙山”是什么山?

难道是镇压孙悟空的山？别扯了，那座山有名字，叫五行山。

孙山其实是人的名字。据说他是宋朝人，和一位同乡去赶考。他考中最后一名，同乡却落榜了。孙山先回到家乡，同乡的父亲向他打听儿子考试的结果，孙山委婉地说：“解（jiè）名尽处是孙山，贤郎更在孙山外。”

成语名落孙山由此而来。

冷知识课堂

入木三分原来指的是什么？

入木三分，什么人这么厉害，不会是位武林高手吧？

武林高手倒不是，但是在书法上，却没人比这位的名气大。他就是被尊为“书圣”的王羲之。

据说王羲之曾为朝廷写过祭祀用的“祝版”，他的书法刚劲有力，每个字都渗入木头三分多，后来在更换祝版题词时，这些字刮了半天也刮不掉。

成语入木三分由此而来，后来也比喻见解深刻、透彻。

钩心斗角原来说的是建筑

心里长钩子，用长角去顶人，这样的人可真够恐怖的。难怪老妈看清宫戏时，常常被吓得浑身冒冷汗，里面都是明争暗斗啊！

钩心斗角是用来称赞宫殿建筑精巧别致的。钩心指建筑物向中心攒聚；斗角指屋角互相对峙，好像兵戈相斗。

这个成语的意思现在已经完全改变了，常常用来比喻人与人之间的明争暗斗。

截 接

易错字篇

扫码听儿歌

nòng duàn jiào zuò jié
弄断叫作“截”，

lián shàng jiào zuò jiē
连上叫作“接”。

yí huā jiē mù bú yòng jié
移花“接”木不用“截”，

zhí jié liǎo dàng bú yòng jiē
直“截”了当不用“接”。

dào dǐ yòng jiē hái shi jié
到底用“接”还是“截”，

zǐ xì pàn duàn xì fēn bié
仔细判断细分别。

jié
截

截断　截取　直截了当　截长补短

jiē
接

衔接　接近　接力　接受

圣 胜

扫码听儿歌

chāo fán tuō sú jiù shì shèng
超凡脱俗就是**圣**，

shèng rén shèng xián hé shèng míng
圣人、**圣**贤和**圣**明。

yǒu zhī hóu zi bù fú qì
有只猴子不服气，

zì chēng dà shèng gǔ tou yìng
自称大**圣**骨头硬。

yù huáng dà dì fā tiān bīng
玉皇大帝发天兵，

yào zhuō yāo hóu huí tiān tíng
要捉妖猴回天庭。

shuí zhī yāo hóu tài lì hai
谁知妖猴太厉害，

qí kāi dé shèng shuǎ wēi fēng
旗开得**胜**耍威风。

shèng
圣：圣人　神圣　圣洁　至圣

shèng
胜：胜利　胜负　名胜　胜券在握

耸 悚

扫码听儿歌

gāo gāo lì qǐ jiào zuò sǒng
高高立起叫作“**耸**”，

gāo sǒng rù yún shì xiǎn fēng
高**耸**入云是险峰。

wēi yán sǒng tīng xià hu rén
危言**耸**听吓唬人，

sǒng sǒng jiān bǎng bié chī jīng
耸耸肩膀别吃惊。

bǎ xīn shōu shù jiù shì sǒng
把“忄”收“束”就是“**悚**”，

tí xīn diào dǎn shuí bù jīng
提心吊胆谁不惊？

máo gǔ sǒng rán rén xià huài
毛骨**悚**然人吓坏，

mā yā yì shēng bì yǎn jing
“妈呀”一声闭眼睛。

sǒng **耸**：耸立　耸肩　耸人听闻　危言耸听

sǒng **悚**：惊悚　悚惧　毛骨悚然

诵 颂

扫码听儿歌

sòng shì lǎng dú hé bèi sòng
“诵”是朗读和背诵，

yì yáng dùn cuò jù yǒu shēng
抑扬顿挫句有声（讠），

jù jù bù tíng wǎng wài yǒng
句句不停往外涌（甬）。

sòng shì zàn yáng hé chēng sòng
“颂”是赞扬和称颂，

chàng qǐ sòng gē qìng tài píng
唱起颂歌庆太平，

zhù fú zǔ guó gèng fán róng
祝福祖国更繁荣。

sòng
诵

背诵 诵读 朗诵 吟诵

sòng
颂

颂扬 颂词 歌颂 赞颂

头 投

扫码听儿歌

bān jí bǐ sài dǎ lán qiú
班级比赛打篮球，

gè tóur gāo de bèi chōu zǒu
个**头**儿高的被抽走。

xiǎo jūn gè ǎi yě rù xuǎn
小军个矮也入选，

tā kě shì gè shén tóu shǒu
他可是个神**投**手。

xiǎo jūn tóu lán zhēn jiào zhǔn
小军**投**篮真叫准，

qiú qiú mìng zhòng bù tíng shǒu
球球命中不停手。

bān jí huò shèng fā jiǎng pǐn
班级获胜发奖品，

jiǎng pǐn tǐng dà shì tóu niú
奖品挺大是**头**牛。

tóu
头

头发　头领　山头　出人头地

tóu
投

投篮　投资　投降　走投无路

位

味

扫码听儿歌

wèi yǒu zhǔ cì hé gāo dī
位有主次和高低，
jiù kàn pì gu zuò nǎ lǐ
就看屁股坐哪里。
liáng shān yì bǎi dān bā jiàng
梁山一百单八将，
sòng jiāng zuò wèi pái dì yī
宋江座位排第一。
wǔ sōng chī ròu ài hē jiǔ
武松吃肉爱喝酒，
jiǔ wèir bù hǎo tā zháo jí
酒味儿不好他着急。
dǎ hǔ hē de “chū mén dǎo”
打虎喝的“出门倒”，
zhì jīn zī wèi liú xīn dǐ
至今滋味留心底。

wèi
位

位置 座位 地位 职位

wèi
味

味道 味觉 滋味 气味

bèi sòng bèi sòng
背诵—背颂

背诵（bèi sòng）：是通过诵读的方式记住识记的阅读材料。

例句：猪小戒从很小的时候就开始背诵唐诗了。

如果你错写成了**背颂**（sòng）……

"诵"字是一个中性词，主要有朗读、述说的意思，如背诵、朗诵等；"颂"字是一个褒义词，多用来颂扬别人的事迹，也指以颂扬为内容的文章或诗歌，如祖国颂、青春颂等。

胜地—圣地

shèng dì shèng dì

shèng dì

胜地：著名的景色宜人的地方。

例句：美丽的桂林是旅游胜地。

shèng

如果你错写成了**圣**地……

“胜地”指风景优美、景色宜人的地方，如“承德是著名的避暑胜地”；“圣地”则侧重强调此地地位较高，在人们心中有崇高的意义，如“延安是著名的革命圣地”。

背 悖

易错字篇

宇宙是有边的。
宇宙是无边的。

扫码听儿歌

liǎng gè rén, bèi kào bèi,
两个人，**背**靠**背**，

xiǎng fǎ bù tóng fāng xiàng wéi.
想法不同方向违。

bèi lí、bèi miàn hé wéi bèi,
背离、**背**面和违**背**，

bèi xìn qì yì shì bài lèi.
背信弃义是败类。

hùn luàn、chōng tū jiào zuò "bèi",
混乱、冲突叫作“**悖**”，

bèi nì、bèi luàn hé xiāng bèi.
悖逆、**悖**乱和相**悖**。

jié lùn duì lì shì bèi lùn,
结论对立是**悖**论，

suǒ biǎo shuō fǎ quán dōu duì.
所表说法全都对。

bèi **背**：后背　背面　违背　背离

bèi **悖**：悖逆　悖论　悖乱　并行不悖

串
穿

扫码听儿歌

chuàn zì xiàng gè yáng ròu chuàn
“串”字像个羊肉串，

yí kuài yí kuài chuān chéng chuàn
一块一块穿成串。

sǎ shàng là jiāo hé zī rán
撒上辣椒和孜然，

yí chuàn yí chuàn chī de huān
一串一串吃得欢。

lín jū xiǎo pǎo lái cèng fàn
邻居小跑来蹭饭，

chuān zhe tuō xié hé bù shān
穿着拖鞋和布衫。

chuī xū zì jǐ jiàn fǎ hǎo
吹嘘自己箭法好，

bǎi bù chuān yáng bú yì bān
百步穿杨不一般。

chuàn
串

串珠　串行　串味　串联

chuān
穿

穿透　穿过　穿戴　百步穿杨

订 定

易错字篇

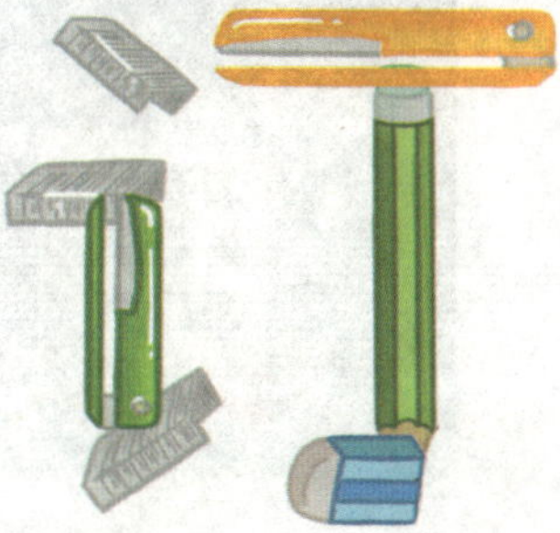

扫码听儿歌

dìng hé dìng bù xiāng tóng
“订”和“定”，不相同，

yǒu shá qū bié tīng fēn míng
有啥区别听分明。

dìng zì yǒu yán kě shāng liang
“订”字有“讠”可商量，

tiáo yuē guī huà hé hé tóng
条约、规划和合同，

shāng liang hǎo le zài qiān dìng
商量好了再签订。

dìng shì què dìng bù néng dòng
“定”是确定不能动，

dìng yì dìng lùn hé guī dìng
定义、定论和规定，

yóu yù bú dìng zhēn yào mìng
犹豫不定真要命。

dìng
订
修订　签订　订购　订正

dìng
定
确定　肯定　定义　规定

乱 滥

扫码听儿歌

méi guī lǜ méi zhì xù
没规律，没秩序，

luàn shì hùn luàn méi tiáo lǐ
“乱”是混乱没条理。

líng luàn máng luàn hé huāng luàn
凌乱、忙乱和慌乱，

xīn fán yì luàn hǎo zháo jí
心烦意乱好着急。

zhì liàng chà shù liàng duō
质量差，数量多，

làn shì guò dù yīng píng bì
“滥”是过度应屏蔽。

làn yòng zhí quán móu sī lì
滥用职权牟私利，

rén pǐn kěn dìng yǒu wèn tí
人品肯定有问题。

luàn 乱：混乱　凌乱　忙乱　心烦意乱

làn 滥：泛滥　滥用　滥权　陈词滥调

接 即

易错字篇

扫码听儿歌

kào jìn yì si jiē hé jí
“靠近”意思“**接**”和“**即**”，

zěn me qū bié yào láo jì
怎么区别要牢记。

jiāo tóu jiē ěr xiǎo táo qì
交头**接**耳小淘气，

qīn mì jiē chù xiào xī xī
亲密**接**触笑嘻嘻，

liǎng rén sù shuō xiǎo mì mì
两人诉说小秘密。

bù jí bù lí shá yì si
不**即**不离啥意思？

bú tài shū yuǎn huò qīn mì
不太疏远或亲密，

bǎo chí yí dìng de jù lí
保持一定的距离。

jiē
接

接近　接触　接纳　接见

jí
即

即刻　即兴　即使　立即

积 集

扫码听儿歌

jī　de yì si shì jī lěi
“积”的意思是积累，

yì diǎn yì diǎn jù shuǐ dī
一点一点聚水滴。

hái zi yǒu gè cún qián guàn
孩子有个存钱罐，

jī shǎo chéng duō xiào yǎn mī
积少成多笑眼眯。

jí　de yì si shì jù hé
“集”的意思是聚合，

fēn sàn dōng xi fàng yì qǐ
分散东西放一起。

jí hé　jí zhōng hé jí tǐ
集合、集中和集体，

qí zhe máo lǘ qù gǎn jí
骑着毛驴去赶集。

jī 积：积累　积蓄　积木　处心积虑

jí 集：集合　集中　集体　聚集

末 没

易错字篇

扫码听儿歌

mò de běn yì shì shù shāo
"末"的本义是树梢，

biǎo shì zuì hòu hé zhōng liǎo
表示最后和终了。

mò wěi mò rì hé mò dài
末尾、末日和末代，

qióng tú mò lù shòu jiān áo
穷途末路受煎熬。

mò de yì si shì chén mò
"没"的意思是沉没，

diào jìn shuǐ zhōng kàn bu dào
掉进水中看不到。

lǎo mā mò shōu yā suì qián
老妈没收压岁钱，

hái shuō zhè shì wèi nǐ hǎo
还说这是为你好。

mò 末：末端　末尾　末梢　穷途末路

mò 没：沉没　埋没　没收　没落

méi 没：没有　没空　没完　没用

申 声

易错字篇

扫码听儿歌

shēn　shì chén shù hé shuō míng
“申”是陈述和说明，

shēn bào　shēn biàn hé shēn qǐng
申报、申辩和申请。

shēn míng zhèng zhòng huà yán jǐn
申明郑重话严谨，

chǎng hé zhèng shì yào jì qīng
场合正式要记清。

shēng　shì shēng yīn gěi rén tīng
“声”是声音给人听，

fēng shēng　yǔ shēng　dú shū shēng
风声、雨声、读书声。

gōng kāi guān diǎn hé lì chǎng
公开观点和立场，

ràng rén zhī dào shì shēng míng
让人知道是声明。

shēn
申

申报　申辩　申请　三令五申

shēng
声

声明　声称　声音　声泪俱下

生 身

易错字篇

扫码听儿歌

shēng de yì si shì shēng mìng
“生”的意思是生命，

gū gū zhuì dì rén chū shēng
呱呱坠地人出生。

shēng zhǎng shēng huó hé shēng cún
生长、生活和生存，

yì shēng fèn dòu yǔ tiān zhēng
一生奋斗与天争。

shēn de yì si shì shēn tǐ
“身”的意思是身体，

yě zhǐ shēng mìng huò yì shēng
也指生命或一生。

shēn shì qīng bái dāng nǔ lì
身世清白当努力，

zhōng shēn xué xí bù néng tíng
终身学习不能停。

shēng 生：平生　生命　素昧平生　奋斗终生

shēn 身：身世　出身　身体　身高

司 施

扫码听儿歌

sī de yì si shì zhǎng guǎn
"司"的意思是掌管，

gè sī qí zhí bù néng luàn
各司其职不能乱。

sī jī sī fǎ hé sī lìng
司机、司法和司令，

gǔ dài háng hǎi kào sī nán
古代航海靠司南。

shī de yì si shì shí xíng
"施"的意思是实行，

shī gōng shī jiā hé shī zhǎn
施工、施加和施展。

fā hào shī lìng fēi sī lìng
发号施令非"司令"，

yīn cái shī jiào kǎo lǜ quán
因材施教考虑全。

sī 司：司令 司机 司法 司南

shī 施：施工 施展 实施 设施

息 歇

易 错 字 篇

暂停营业

cā ca hàn hē diǎnr shuǐ
擦擦汗，喝点儿水，

xiū xi xiū xi chuǎn kǒu qìr
休息休息喘口气儿。

yǒu shì nǐ yě bié zháo jí
有事你也别着急，

xiū xi hǎo le cái yǒu jìnr
休息好了才有劲儿。

cā ca hàn hē diǎnr shuǐ
擦擦汗，喝点儿水，

lèi le nǐ jiù xiē yí huìr
累了你就歇一会儿。

shuō shàng jǐ gè xiē hòu yǔ
说上几个歇后语，

fēng qù yōu mò hái jiě mènr
风趣幽默还解闷儿。

扫码听儿歌

xī
息

喘息 叹息 休息 息事宁人

xiē
歇

歇息 歇脚 歇业 停歇

沿 缘

易错字篇

扫码听儿歌

yí lù shùn zhe jiù shì yán
一路顺着就是“沿”，

yán tú yán jiē hé yán xiàn
沿途、沿街和沿线。

shì wù de biān yě jiào yán
事物的边也叫“沿”，

hé yán gōu yán hé biān yán
河沿、沟沿和边沿。

yí jiàn rú gù chǒu duì yǎn
一见如故瞅对眼，

zhè gè yuán fèn kě bù qiǎn
这个缘分可不浅。

yuán zì yě néng biǎo shùn zhe
“缘”字也能表顺着，

yuán mù qiú yú bù kě qǔ
缘木求鱼不可取。

yán
沿

沿岸　沿海　沿袭　河沿

yuán
缘

缘分　缘故　缘由　边缘

跃 耀

易 错 字 篇

shá shì huó yuè shuí zhī dào
啥是“活跃”谁知道？

lǎo shī tí wèn xué shēng chǎo
老师提问学生吵。

zhī dào zhī dào wǒ zhī dào
知道，知道，我知道，

huān hū què yuè jǔ shǒu jiào
欢呼雀跃举手叫。

dá duì wèn tí hǎo róng yào
答对问题好荣耀，

xiǎo hóu xuàn yào běn lǐng gāo
小猴炫耀本领高。

yào wǔ yáng wēi dà bù zǒu
耀武扬威大步走，

shuāi le yì jiāo tóu zhǎng bāo
摔了一跤头长包。

扫码听儿歌

yuè
跃

跳跃　活跃　欢呼雀跃　跃跃欲试

yào
耀

耀眼　照耀　炫耀　荣耀

造 肇

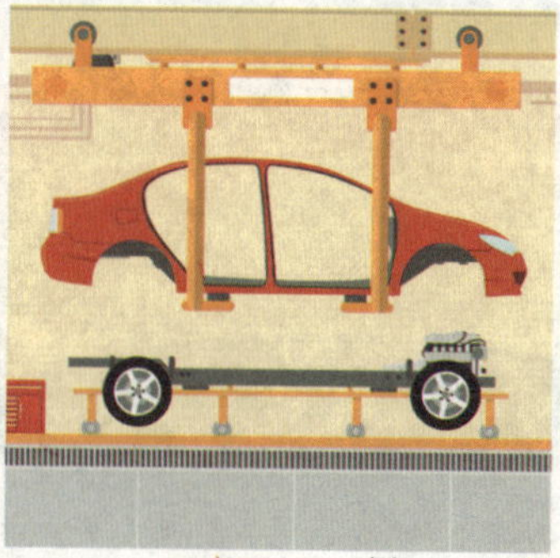

扫码听儿歌

zào hé zhào bù yí yàng
“造”和“肇”，不一样，

yǒu shá qū bié tīng wǒ jiǎng
有啥区别听我讲。

zào shì zhì zuò yòng tú guǎng
“造”是制作用途广，

jiàn zào zhì zào hé chuàng zào
建造、制造和创造，

niàng zào xìng fú dà jiā cháng
酿造幸福大家尝。

zhào shì fā shēng hé yǐn qǐ
“肇”是发生和引起，

kāi shǐ yě kě jiào zhào shǐ
开始也可叫肇始，

zhào shì táo yì huài xīn cháng
肇事逃逸坏心肠。

zào 造：制造 创造 建造 捏造

zhào 肇：肇始 肇端 肇事

积蓄—集蓄

积蓄：积聚储存的财物。

例句：猪小戒把所有的积蓄都拿来买篮球了。

如果你错写成了**集**蓄……

“积”字的意思是积聚，过程一般比较久，如积攒、积蓄等；“集”字的意思是汇聚，指一大堆聚在一起，如集合、赶集等。

tiào yuè　tiào yào
跳跃—跳耀

tiào yuè
跳跃：两脚用力，使身体离开地面。

例句：拍照的时候，大家一起跳跃了起来。

yào
如果你错写成了**跳耀**……

“跃”和“耀”可不是多音字。“跃”读作“yuè”，是跳跃、飞跃、跃动的意思；“耀”的读音是“yào”，有光线照射、显示出来、光荣等意思。

安 按

易错字篇

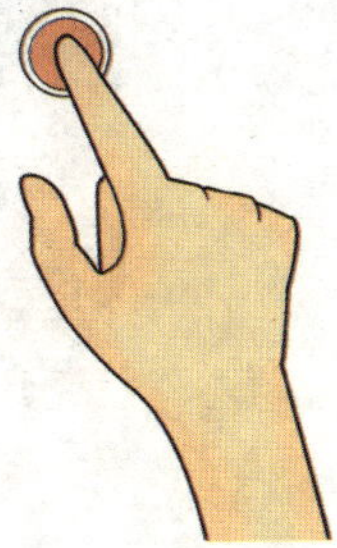

扫码听儿歌

píng píng ān ān shàng xué qù
平平**安安**上学去，
ān ān quán quán bǎ jiā huán
安安全全把家还。
guò jiē yào zǒu bān mǎ xiàn
过街要走斑马线，
ān quán dì yī jì xīn jiān
安全第一记心间。
shǒu wǎng xià yā jiào zuò àn
手往下压叫作“**按**”，
àn niǔ àn líng hé àn jiàn
按钮、**按**铃和**按**键。
àn shí chī fàn shēn tǐ hǎo
按时吃饭身体好，
àn shí shuì jiào bù tān wán
按时睡觉不贪玩。

ān 安：安全　安定　安心　安慰

àn 按：按钮　按铃　按摩　按照

拨 拔

扫码听儿歌

bō zì yòu biān shì gè fà
"拨"字右边是个"发"，

shǒu zhǐ bō nòng cháng tóu fa
手指拨弄长头发。

bō dòng cháng fà dài duǒ huā
拨动长发戴朵花，

bāo kāi jī dàn chī gè huáng
剥开鸡蛋吃个黄。

bá zì yòu biān shì gè bá
"拔"字右边是个"犮"，

xiàng shì zhuài zhe gǒu wěi ba
像是拽着狗（犬）尾巴。

xiǎo háir cài yuán bá luó bo
小孩儿菜园拔萝卜，

gè zi hái méi luó bo dà
个子还没萝卜大。

bō 拨：拨动　拨款　挑拨　拨云见日

bá 拔：拔草　拔牙　拔河　坚韧不拔

措 错

易错字篇

扫码听儿歌

cuò de yì si shì ān pái
"措"的意思是安排，

cuò shī dé dàng shì rén cái
措施得当是人才。

bù zhī suǒ cuò zhí cuō shǒu
不知所措直搓手，

wèi shá bù zǎo zuò ān pái
为啥不早做安排？

rén wú wán rén dōu fàn cuò
人无完人都犯错，

zhī dào cuò wù zán jiù gǎi
知道错误咱就改。

bié pà fàn cuò gǎn cháng shì
别怕犯错敢尝试，

fā xiàn jīng xǐ hé jīng cǎi
发现惊喜和精彩。

cuò
措

措施　措辞　举措　措手不及

cuò
错

错误　犯错　过错　知错就改

马 蚂

扫二维码观看汉字小动画

扫码听儿歌

xiǎo mǎ jū hé xiǎo mǎ yǐ
小**马**驹和小**蚂**蚁，

tā men liǎng gè bǐ lì qi
它们两个比力气。

mǎ jū néng tuó liǎng dài mǐ
马**驹**能驮两袋米，

yáng yáng dé yì dǎ xiǎng bí
扬扬得意打响鼻。

shù bèi tǐ zhòng de wù tǐ
数倍体重的物体，

mǎ yǐ qīng sōng gěi jǔ qǐ
蚂蚁轻松给举起。

mǎ jū yí kàn shǎ le yǎn
马驹一看傻了眼，

zhè zhǒng lì qi shuí néng bǐ
这种力气谁能比？

mǎ
马：马匹　骏马　马车　蛛丝马迹

mǎ
蚂：蚂蚁　蚂蚱　蚂蚁搬家

拇 姆

扫码听儿歌

bǎo mǔ shòu gù lái gàn huór
保姆受雇来干活儿，
zhào gù hái zi bǎ fàn zuò
照顾孩子把饭做。
lā zhe xiǎo shǒu shǔ shǒu zhǐ
拉着小手数手指，
wèn tā shǒu zhǐ yǒu jǐ gè
问他手指有几个。
mǔ zhǐ yě jiào dà mǔ gē
拇指也叫大拇哥，
chēng zàn bié rén yòng de duō
称赞别人用得多。
shí zhǐ zhōng zhǐ wú míng zhǐ
食指、中指、无名指，
jiā shàng xiǎo zhǐ gòng wǔ gè
加上小指共五个。

mǔ
拇：拇指　拇战

mǔ
姆：保姆

蓦 募

扫码听儿歌

tài yáng luò zài cǎo lǐ miàn
太阳落在草里面，

mò shì tiān hēi kàn bu jiàn
“莫”是天黑看不见。

bù jīng yì jiān shì mò rán
不经意间是**蓦**然，

mò rán huí shǒu yǒu liú liàn
蓦然回首有留恋。

guǎng qiú sì fāng jiào zuò mù
广求四方叫作“**募**”，

mù jí mù kuǎn hé mù juān
募集、**募**款和**募**捐，

nì míng chū lì zuò cí shàn
匿名出力做慈善。

mò
蓦：蓦然　蓦地

mù
募：募集　募捐　招募　征募

然 燃

扫码听儿歌

wèn wǒ shén me shì zì rán
问我什么是自**然**？

zì shēn rú cǐ jiù zhè bān
自身如此就这般。

shān qiū hé liú zì rán jiè
山丘、河流、自**然**界，

cóng lái bú yòng rén qù guǎn
从来不用人去管。

rén wéi shì wěi fēi zì rán
“人”“为”是“伪”非自**然**，

rán shāo chái huo lái zuò fàn
燃烧柴火来做饭。

rén lèi fā míng nèi rán jī
人类发明内**燃**机，

qì chē biàn dì jī shàng tiān
汽车遍地“机”上天。

rán **然**：然而　当然　自然　忽然

rán **燃**：燃烧　燃料　点燃　燃眉之急

萧 箫

扫码听儿歌

xiāo shàng yǒu cǎo shì xiāo tiáo
"萧"上有"草"是萧条，

quē fá shēng qì bǎi yè diāo
缺乏生气百业凋。

jīng jì xiāo tiáo shēng jì shǎo
经济萧条生计少，

dōng bēn xī zǒu qiú wēn bǎo
东奔西走求温饱。

xiāo shàng yǒu zhú shì dòng xiāo
"箫"上有"竹"是洞箫，

shēng sè yuán rùn zhì xīn jiāo
声色圆润治心焦。

xiāo shēng yì qǐ xīn qì píng
箫声一起心气平，

wàng diào yōu chóu hé fán nǎo
忘掉忧愁和烦恼。

xiāo 萧：萧条　萧瑟　萧索　萧墙

xiāo 箫：洞箫　笙箫　吹箫　弄玉吹箫

浃 夹

易错字篇

扫码听儿歌

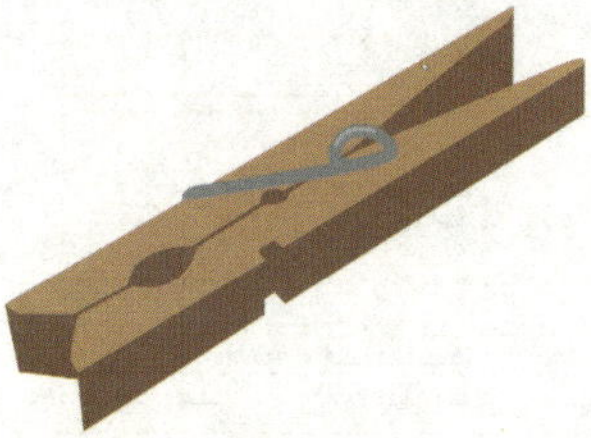

lán qiú chǎng shang dǎ bǐ sài
篮球场上打比赛，

pīng pīng pāng pāng bǎ qiú pāi
乒乒乓乓把球拍。

hàn liú jiā bèi yī shī tòu
汗流**浃**背衣湿透，

zhān zài shēn shang bú tòng kuài
粘在身上不痛快。

huí jiā chōng liáng xǐ gè zǎo
回家冲凉洗个澡，

yě bǎ yī fu xǐ qi lai
也把衣服洗起来。

zhǎo gè jiā zi jiā yī fu
找个**夹**子**夹**衣服，

liàng zài yáng tái gān de kuài
晾在阳台干得快。

jiā
浃：汗流浃背

jiā
夹：夹层　夹子　夹棍　夹杂

告别错别字

贴 帖

易错字篇

扫码听儿歌

xiǎo zhū jiā chuán hǎo zì tiè
小猪家传好字**帖**，

měi tiān lín mó bǎ zì xiě
每天临摹把字写。

shuǐ píng tí gāo bàn zhǎn lǎn
水平提高办展览，

yāo qǐng tóng xué fā qǐng tiě
邀请同学发请**帖**。

xiǎo hóu xīn li bù fú qì
小猴心里不服气，

zhǎo běn zì tiè shǐ jìn xiě
找本字**帖**使劲写。

gōng fu bú dào mó huài shǒu
功夫不到磨坏手，

tiē shàng yí gè chuāng kě tiē
贴上一个创可**贴**。

tiē **贴**：粘贴　剪贴　贴近　贴心

tiē **帖**：服帖　妥帖　熨帖　俯首帖耳

tiě **帖**：帖子　请帖　喜帖　换帖

tiè **帖**：字帖　碑帖　画帖　临帖

廷

易错字篇

庭

扫码听儿歌

cháo tíng lǐ miàn yǒu huáng shang
朝廷里面有皇上，

bàn gōng dì diǎn zhēn kuān chang
办公地点真宽敞。

huáng shang pí qi yǒu diǎnr guài
皇上脾气有点儿怪，

rě tā yào bèi dǎ tíng zhàng
惹他要被打廷杖。

tíng zì yǒu guǎng zhǐ tīng táng
“庭”字有“广”指厅堂，

jiā tíng fǎ tíng dōu yǒu fáng
家庭、法庭都有房。

hái zhǐ táng qián de yuàn zi
还指堂前的院子，

tíng yuàn lǐ miàn zhuō mí cáng
庭院里面捉迷藏。

tíng
廷
朝廷　宫廷　廷杖　教廷

tíng
庭
庭院　家庭　法庭　门庭若市

中 仲

扫码听儿歌

shǒu lā zhe shǒu zhuàn yuán quān
手拉着手转圆圈，
yì duī gōu huǒ zài zhōng jiān
一堆篝火在**中**间。
chàng gē tiào wǔ zhòng qiū yè
唱歌跳舞**仲**秋夜，
gè zhǒng biǎo yǎn bó zhòng jiān
各种表演伯**仲**间。
cǎi de mó gu zhēn xiān yàn
采的蘑菇真鲜艳，
fàng zài guō zhōng yào jiā cān
放在锅**中**要加餐。
xìng kuī lǎo shī zǎo fā xiàn
幸亏老师早发现，
xiǎn xiē zhòng dú qù yī yuàn
险些**中**毒去医院。

zhōng **中**：中间 中心 中华 中文

zhòng **中**：中选 中奖 中计 中毒

zhòng **仲**：仲秋 仲夏 仲裁 不分伯仲

宵 霄

易错字篇

扫码听儿歌

xiāo　shì yè wǎn yào jì láo
“宵”是夜晚要记牢，

yuán xiāo　chūn xiāo hé tōng xiāo
元宵、春宵和通宵。

wǎn shang xué xí yǒu diǎnr è
晚上学习有点儿饿，

mā ma gěi wǒ zhǔ yè xiāo
妈妈给我煮夜宵。

xiāo　zhǐ tiān kōng huò yún cai
“霄”指天空或云彩，

yún xiāo　jiǔ xiāo hé chóng xiāo
云霄、九霄和重霄。

qíng kōng yí hè pái yún shàng
晴空一鹤排云上，

biàn yǐn shī qíng dào bì xiāo
便引诗情到碧霄。

xiāo
宵

元宵　春宵　宵禁　通宵达旦

xiāo
霄

云霄　碧霄　霄汉　响彻云霄

尤

犹

扫码听儿歌

tè diǎn tū chū jiù shì yóu
特点突出就是“**尤**”，

chū lèi bá cuì píng yōu xiù
出类拔萃评优秀。

yě zhǐ guò shī hé yuàn hèn
也指过失和怨恨，

yuàn tiān yóu rén mǎn fù chóu
怨天**尤**人满腹愁。

guò yóu bù jí liú yú dì
过**犹**不及留余地，

fán shì bú yào zuò guò tóu
凡事不要做过头。

yǒu le jué dìng bié yóu yù
有了决定别**犹**豫，

zhān qián gù hòu dǎn bú gòu
瞻前顾后胆不够。

yóu **尤**：尤为　尤其　怨天尤人　无耻之尤

yóu **犹**：犹如　犹豫　记忆犹新　过犹不及

州 洲

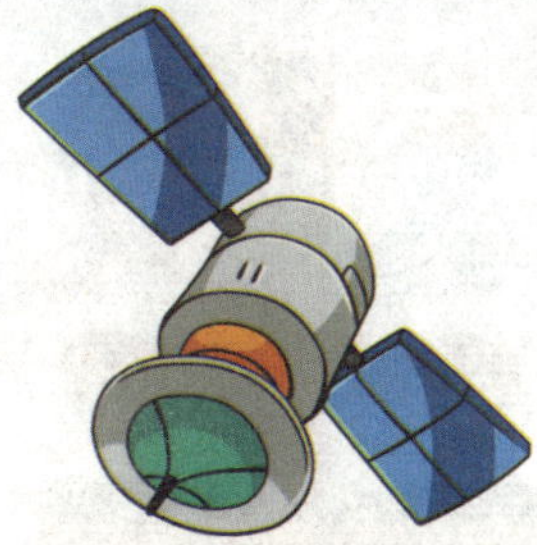

扫码听儿歌

shuǐ zhōng lù dì jiào zuò zhōu
水中陆地叫作“**州**”，

dà yǔ zhì shuǐ fēn jiǔ zhōu
大禹治水分九**州**。

xíng zhèng qū yù tōng jīn gǔ
行政区域通今古，

sū zhōu háng zhōu hé guǎng zhōu
苏**州**、杭**州**和广**州**。

lìng zào zhōu zì biǎo shā zhōu
另造“**洲**”字表沙**洲**，

hǎi yáng fēn chū qī dà zhōu
海洋分出七大**洲**。

yà fēi ōu měi dà yáng zhōu
亚、非、欧、美、大洋**洲**，

hái yǒu yí gè nán jí zhōu
还有一个南极**洲**。

zhōu
州

九州 神州 州县 中州

zhōu
洲

沙洲 绿洲 洲屿 孤洲

坐 座

扫码听儿歌

xiǎo hái r gè zi zhǎng de kuài
小孩儿个子长得快，

chóng xīn fēn zuò zhàn chéng pái
重新分**座**站成排。

gè zi xiǎo de zuò qián miàn
个子小的**坐**前面，

gè zi gāo dà zuò hòu pái
个子高大**坐**后排。

xiǎo zhū xiǎo hóu zuò tóng zhuō
小猪、小猴**坐**同桌，

xī xī hā hā lè kāi huái
嘻嘻哈哈乐开怀。

fàng xué zuò chē wǎng jiā zǒu
放学**坐**车往家走，

liǎ rén huī shǒu shuō bái bái
俩人挥手说拜拜。

zuò
坐

坐着　坐垫　坐车　坐落

zuò
座

座位　座谈　星座　座无虚席

àn mó　　ān mó

按摩—安摩

àn mó

按摩：用手或器械来回摩擦、揉捏或敲打身体表面部分的行为，用于治疗和保养。

例句：妈妈累了，猪小戒主动给她按摩。

ān

如果你错写成了安摩……

"按"字左边是个提手旁，表示有手部动作，如按摩、按钮等；"安"字多表示安慰、安排、安全、安装等意思。

zì tiè zì tiē

字帖—字贴

zì tiè

字帖：是供学习书法的人临摹的范本，多为名家墨迹的石刻拓本、木刻印本或影印本。

例句：猪小戒通过临摹字帖练习书法。

tiē

如果你错写成了字**贴**……

“帖”字是一个多音字，它的意思比较多，有安定、稳妥，靠近；文告、启事；量词；书画临摹的范本等；“贴”字指把一种东西贴到另一种东西上，是一个动词。

带 戴

扫码听儿歌

cháng tiáo xíng de jiào zuò dài
长条形的叫作"**带**"，

pí dài lǐng dài hé yī dài
皮**带**、领**带**和衣**带**。

hái yǒu hǎi dài hé dài yú
还有海**带**和**带**鱼，

dōu shì bǎi xìng jiā cháng cài
都是百姓家常菜。

dài zhe mào zi shàng jiǎng tái
戴着帽子上奖台，

bǐ sài duó guàn shòu yōng dài
比赛夺冠受拥**戴**。

xiōng qián dài duǒ dà hóng huā
胸前**戴**朵大红花，

liě zuǐ yí xiào zhēn kě ài
咧嘴一笑真可爱。

dài
带

皮带　领带　海带　一衣带水

dài
戴

爱戴　拥戴　佩戴　披星戴月

告别错别字

布 部

易错字篇

扫码听儿歌

mián huā fǎng xiàn zhī mián bù
棉花纺线织棉**布**，
bù pǐ cái jiǎn yī hé kù
布匹裁剪衣和裤，
zhē xiū bǎo nuǎn dà yòng tú
遮羞保暖大用途。
bù luò rén mín mǎi mián bù
部落人民买棉**布**，
tuō xià pí ǎo huàn yī fu
脱下皮袄换衣服，
chuān zài shēn shang tǐng shū fu
穿在身上挺舒服。

bù
布：棉布　布匹　布局　布置

bù
部：部分　部队　部首　部署

连 联

扫码听儿歌

qián hòu āi zhe jiào zuò lián
前后挨着叫作“**连**”，

lián xù lián zǎi hé lián mián
连续、**连**载和**连**绵。

xiǎo yǔ lián rì xià bù tíng
小雨**连**日下不停，

lián piān lěi dú ràng rén fán
连篇累牍让人烦。

lián jié jié hé jiào zuò lián
连结、结合叫作“**联**”，

lián méng lián bāng hé guān lián
联盟、**联**邦和关**联**。

péng you wèn hòu cháng lián xì
朋友问候常**联**系，

sù shuō sī niàn bào píng ān
诉说思念报平安。

lián **连**：连续　连日　连载　藕断丝连

lián **联**：联合　联系　联盟　联想

合 和

扫码听儿歌

xiǎo zhū xiǎo hóu hǎo xiōng dì
小猪、小猴好兄弟，
liǎ rén hé huǒ zuò shēng yi
俩人**合**伙做生意。
hé qi shēng cái shēng yi hǎo
和气生财生意好，
zhuàn le bù shǎo jīn yín bì
赚了不少金银币。
yì jiā yí bàn qián fēn hǎo
一家一半钱分好，
hé hé qì qì dōu mǎn yì
和和气气都满意。
huī shǒu gào bié bǎ jiā huí
挥手告别把家回，
yǐ hòu hé zuò hái zhǎo nǐ
以后**合**作还找你。

hé **合**	合作	合并	合唱	貌合神离
hé **和**	和气	和平	和睦	和衷共济
hè **和**	附和	应和	唱和	一呼百和

yè xiāo　　yè xiāo

夜宵—夜霄

yè xiāo

夜宵：是指每日三次正餐以外，于晚间安排的一次加餐。

例句：猪小戒特别喜欢吃夜宵。

xiāo

如果你错写成了**夜霄**……

"宵"字指夜晚，常见词语有元宵、通宵等；"霄"字指天空或云彩，如云霄、九霄等。

chuān dài 穿戴—chuān dài 穿带

穿戴(chuān dài)：意思是穿着、佩戴，泛指打扮。

例句：身为学生，穿戴要干净整洁。

如果你错写成了穿带(dài)……

“戴”的本义是指顶在头上，泛指把东西放在头、面、颈、手等处，后来又引申为尊崇、爱戴等；“带”的本义是指古人捆扎衣服的腰带，后来一切用皮、布做成的长条物都可以称为带子。

杜

堵

扫码听儿歌

xiǎo zhū hē le dù kāng jiǔ
小猪喝了**杜**康酒，
kāi chē jiù bǎ lù lái dǔ
开车就把路来**堵**。
zhī tóu dù juān lái yǐn lù
枝头**杜**鹃来引路，
jǐng chá kāi chē lái jié dǔ
警察开车来截**堵**。
xiǎo zhū dāng chǎng rèn le cuò
小猪当场认了错，
jiǔ jià rù jiān yù zhōng kū
酒驾入监狱中哭。
chū yù zhī hòu xiū dǔ qiáng
出狱之后修**堵**墙，
dù mén xiè kè wèi jiè jiǔ
杜门谢客为戒酒。

dù
杜：杜绝　杜撰　杜鹃　防微杜渐

dǔ
堵：堵塞　堵截　堵车　围追堵截

捣 倒

扫码听儿歌

líng qiǎo xiǎo hóu néng dào lì
灵巧小猴能**倒**立，

xiǎo zhū xiàn mù xiǎng pān bǐ
小猪羡慕想攀比。

hāi yō hāi yō lì qi lai
嗨哟嗨哟立起来，

gē bo niǔ shāng dǎo zài dì
胳膊扭伤**倒**在地。

péng you xiǎo tù huì dǎo yào
朋友小兔会**捣**药，

cǎo yào fàng zài yào jiù li
草药放在药臼里。

ná zhe yào chǔ dǎo a dǎo
拿着药杵**捣**啊**捣**，

fū zài shāng chù jiàn qí xiào
敷在伤处见奇效。

dǎo **捣**：捣蒜　捣毁　鼓捣　直捣敌巢

dǎo **倒**：摔倒　摔倒　倒霉　神魂颠倒

dào **倒**：倒立　倒影　倒挂　本末倒置

反 翻

易错字篇

扫码听儿歌

xiǎo jī ài měi fān shū bāo
小鸡爱美**翻**书包，

fān chū jìng zi zhào a zhào
翻出镜子照啊照。

zhèng miàn zhào wán zhào fǎn miàn
正面照完照**反**面，

jìng zi fǎn miàn zhào bu liǎo
镜子**反**面照不了。

fān lái fù qù zhào gè gòu
翻来覆去照个够，

xīn mǎn yì zú hēng xiǎo diào
心满意足哼小调。

jiǎo xià yǒu kēng méi zhù yì
脚下有坑没注意，

rén yǎng mǎ fān shuāi yì jiāo
人仰马**翻**摔一跤。

fǎn **反**：反正　反复　反常　易如反掌

fān **翻**：翻车　翻卷　翻滚　人仰马翻

轨 规

扫码听儿歌

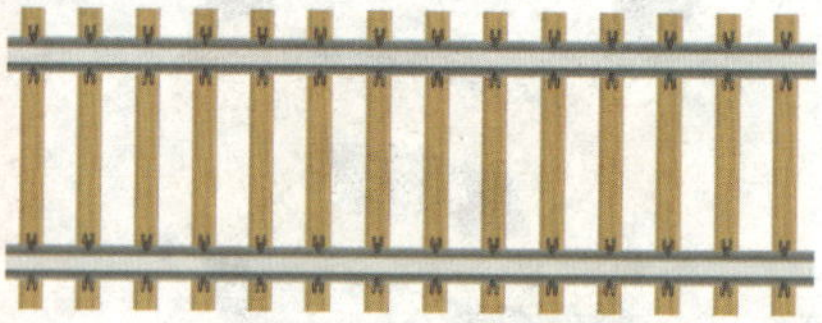

huǒ chē xià miàn shì tiě guǐ
火车下面是铁**轨**，

kuān dù xiāng tóng yǒu guī dìng
宽度相同有**规**定。

rú guǒ nǎ lǐ bù yí yàng
如果哪里不一样，

chū guǐ yào bǎ zé rèn zhuī
出**轨**要把责任追。

guī de yì si shì yuán guī
“**规**”的意思是圆**规**，

yòng tā huà yuán rén rén huì
用它画圆人人会。

yě zhǐ fǎ zé hé biāo zhǔn
也指法则和标准，

guī ju guī dìng hé fǎ guī
规矩、**规**定和法**规**。

guǐ **轨**：轨迹　铁轨　轨道　步入正轨

guī **规**：规矩　法规　规则　规模

急 疾

易错字篇

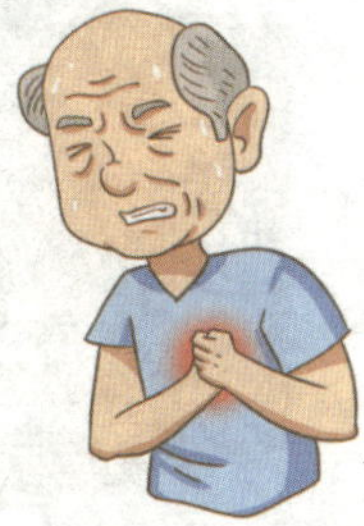

扫码听儿歌

xiǎo hóu shì gè jí pí qi
小猴是个**急**脾气，

xìng gé jí zào ài zháo jí
性格**急**躁爱着**急**。

shuí yào bǎ tā rě jí yǎn
谁要把它惹**急**眼，

yí dùn hóu quán sòng gěi nǐ
一顿猴拳送给你。

dù yǒu jí bìng zhí cuān xī
肚有**疾**病直蹿稀，

wàng dài shǒu zhǐ tài zháo jí
忘带手纸太着**急**。

hū huàn tóng xué méi rén yìng
呼唤同学没人应，

xiǎo hóu chòu qì méi shǎo xī
小猴臭气没少吸。

jí **急**

急忙　急躁　着急　急眼

jí **疾**

疾病　疾苦　疾驰　奋笔疾书

经 禁

易错字篇

扫码听儿歌

xiǎo zhū bú ài kàn jīng diǎn
小猪不爱看**经**典，

chí táng yóu yǒng qù xī xì
池塘游泳去嬉戏。

jìn zhǐ yóu yǒng gào shì míng
禁止游泳告示明，

xiǎo zhū jiǎ zhuāng kàn bu jiàn
小猪假装看不见。

xiǎo jī gào zhuàng yǒu jīng yàn
小鸡告状有**经**验，

zhū mā nù huǒ xiàng shàng dǐng
猪妈怒火向上顶。

xiǎo zhū pì gu ái dùn dǎ
小猪屁股挨顿打，

jīn shòu bú zhù lèi yíng yíng
禁受不住泪盈盈。

jīng **经**：经常　经典　经受　天经地义

jīn **禁**：禁受　不禁　禁得住　弱不禁风

jìn **禁**：禁止　禁令　监禁　门禁

邻 临

易错字篇

扫码听儿歌

xiǎo zhū xiǎo jī shì lín jū
小猪、小鸡是**邻**居，

jīng cháng chuàn mén hěn qīn mì
经常串门很亲密。

xiǎo zhū lín tiè ài xiě zì
小猪**临**帖爱写字，

yì shǒu hǎo zì ràng rén xǐ
一手好字让人喜。

lín yuān xiàn yú méi yì si
临渊羡鱼没意思，

xiǎng yào liàn zì wǒ jiāo nǐ
想要练字我教你。

xiǎo zhū xiǎo jī qí lín tiè
小猪、小鸡齐**临**帖，

hù xiāng bāng zhù hǎo lín lǐ
互相帮助好**邻**里。

lín
邻

邻居　乡邻　邻座　邻近

lín
临

光临　莅临　临时　临摹

掠 略

扫码听儿歌

rì běn guǐ zi lái qīn **lüè**
日本鬼子来侵**略**，

shāo shā lǔ **lüè** è zuò jué
烧杀掳**掠**恶做绝。

zhōng huá mín zú bù kě rǔ
中华民族不可辱，

yì wàn ér nǚ sǎ rè xuè
亿万儿女洒热血。

néng ná qiāng de shàng qián xiàn
能拿枪的上前线，

hòu fāng zhī yuán bù tíng xiē
后方支援不停歇。

jūn mín yì xīn jiān rú tiě
军民一心坚如铁，

kàng zhàn shèng lì bǎ hèn xuě
抗战胜利把恨雪。

lüè
掠：掠夺　劫掠　抢掠　浮光掠影

lüè
略：粗略　略微　战略　攻城略地

垒 磊

shí kuài ní tǔ luò zhe fàng
石块、泥土摞着放，

lěi de yì si shì qiáng bì
“垒”的意思是墙壁。

yíng lěi bǎo lěi hé duì lěi
营垒、堡垒和对垒，

bì lěi sēn yán shì qì gāng
壁垒森严士气刚。

lěi zì xiàng shì dà shí tou
“磊”字像是大石头，

yí kuài yí kuài bǎi dì shàng
一块一块摆地上。

yǒu shì dāng miàn xū yán míng
有事当面需言明，

guāng míng lěi luò xīn tǎn dàng
光明磊落心坦荡。

密 秘

扫码听儿歌

mì hé mì liǎng xiōng dì
“密”和“秘”，两兄弟，

dōu bù gōng kāi zhǐ mì mì
都不公开指秘密。

mì zì gèng qīng xiàng yú rén
“密”字更倾向于人，

mì móu mì tàn hé bǎo mì
密谋、密探和保密。

mì zì gèng qīng xiàng shì wù
“秘”字更倾向事物，

mì fāng mì jué hé shén mì
秘方、秘诀和神秘。

mì zì hái zhǐ kòng xì xiǎo
“密”字还指空隙小，

chóu mì jǐn mì hé mì jí
稠密、紧密和密集。

mì 密：稠密 紧密 亲密 精密

mì 秘：秘密 秘方 神秘 秘而不宣

jí bìng jí bìng

疾病—急病

jí bìng

疾病：病的总称。

例句：我们都要讲卫生，预防疾病。

jí

如果你错写成了**急**病……

"疾"字原指外伤，后来也指急速、猛烈的病，如痢疾等；"急"字表示内心的一种急迫感，如急躁、急忙等。

亲密——亲秘

qīn mì qīn mì

qīn mì
亲密：亲近密切，感情好。
例句：猪小戒和板牙妹的关系很亲密。

如果你错写成了亲秘……

秘密中的“密”和“秘”两个字，都有不公开的意思。相对来说，“密”字更加倾向于人，如密谋、密探等；“秘”字更加倾向于事物，如秘方、秘诀等。另外，“密”字还指空隙小，如密集、稠密等。

乔 巧

扫码听儿歌

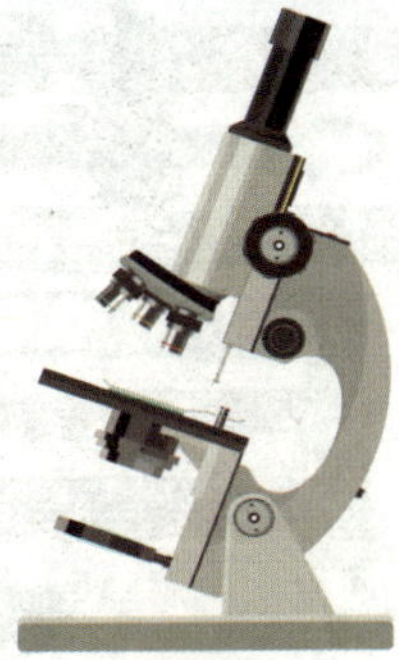

gāo ér qū, jiù shì "qiáo",
高而曲，就是"乔"，

qiáo mù tiān shēng zhǎng de gāo
乔木天生长得高。

wān qū zhī zhōng cáng biàn huà
弯曲之中藏变化，

mù lán qiáo zhuāng shì yīng háo
木兰乔装是英豪。

jì néng hǎo, jiù shì "qiǎo",
技能好，就是"巧"，

líng qiǎo、qīng qiǎo hé qiǎo miào
灵巧、轻巧和巧妙。

qī yuè qī rì qǐ qiǎo jié
七月七日乞巧节，

qǐ qiú zhī nǚ chuán jué zhāo
乞求织女传绝招。

qiáo
乔

乔木　乔迁　乔装打扮

qiǎo
巧

巧妙　精巧　乞巧　巧言令色

青 轻

扫码听儿歌

qīng sè hǎo, bù xiǎn lǎo,
青色好，不显老，

qīng cài、qīng miáo hé qīng cǎo.
青菜、青苗和青草。

qīng chūn nián shǎo suì yuè hǎo,
青春年少岁月好，

huó lì qīng nián zhì qì gāo.
活力青年志气高。

chéng dù qiǎn, fèn liàng shǎo,
程度浅，分量少，

qīng sōng、qīng yì、qīng piāo piāo.
轻松、轻易、轻飘飘。

nián qīng hào xué zhǎng běn lǐng,
年轻好学长本领，

jué bù qīng fú hé qīng tiāo.
绝不轻浮和轻佻。

qīng 青：青草　青菜　青年　青山绿水

qīng 轻：轻重　轻便　轻松　年轻

屈 曲

扫码听儿歌

qū hé shēn duì mén zhù
屈和伸，对门住，
dī tóu rèn shū shì qū fú
低头认输是屈服。
néng qū néng shēn zhēn háo jié
能屈能伸真豪杰，
nìng sǐ bù qū dà zhàng fu
宁死不屈大丈夫。
qū hé zhí bié mí hu
曲和直，别迷糊，
shì fēi qū zhí xīn yǒu shù
是非曲直心有数。
shí shì qiú shì bù qū jiě
实事求是不曲解，
zhèng zhí zuò rén yǒu bào fù
正直做人有抱负。

qū 屈：屈伸　屈膝　屈服　委屈

qū 曲：弯曲　扭曲　曲折　曲解

qǔ 曲：曲艺　曲调　歌曲　戏曲

深 甚

扫码听儿歌

dú shū bù jué yè yǐ shēn
读书不觉夜已**深**，
shēn gè lǎn yāo shuì yǎn chén
伸个懒腰睡眼沉。
gōng fu yòng dào shú shēng qiǎo
功夫用到熟生巧，
tiě chǔ yě néng mó chéng zhēn
铁杵也能磨成针。
xué wen shì xué yě shì wèn
学问是学也是问，
bù dǒng jiù wèn bù diū rén
不懂就问不丢人。
bù qiú shèn jiě zhuāng míng bai
不求**甚**解装明白，
zhōng jiū shì gè hú tu rén
终究是个糊涂人。

shēn
深：深浅　深山　深度　深谋远虑

shèn
甚：甚至　甚好　欺人太甚　不求甚解

妄 枉

易 错 字 篇

扫码听儿歌

lǎo shǔ yè li tài kuáng wàng
老鼠夜里太狂**妄**，

kěn huài xié zi hé yī shang
啃坏鞋子和衣裳。

qì de lǎo mā mǎi shǔ yào
气得老妈买鼠药，

sā zài jiǎo luò qǐng tā cháng
撒在角落请它尝。

duō cì shì tàn zhōng shàng dàng
多次试探终上当，

lǎo shǔ dǎ gǔn hǎn yuān wang
老鼠打滚喊冤**枉**。

rèn nǐ jiǎo zhà yǔ jiān huá
任你狡诈与奸猾，

wǎng fèi xīn jī bǎ mìng sàng
枉费心机把命丧。

wàng
妄

狂妄　妄想　胆大妄为　妄自菲薄

wǎng
枉

冤枉　枉然　枉费心机　贪赃枉法

显
现

扫码听儿歌

xiǎo hóu jī líng ài biǎo xiàn
小猴机灵爱表**现**，

bù dǒng zhuāng dǒng bǎ rén piàn
不懂装懂把人骗。

bèi rén jiē dǐ yǔ kàn chuān
被人揭底与看穿，

zhè xià kě zhēn xiàn le yǎn
这下可真**现**了眼。

xī qǔ jiào xùn bǎ shū kàn
吸取教训把书看，

zhī shi jiáo suì jì xīn jiān
知识嚼碎记心间。

bú lù shuǐ yě bù xiǎn shān
不露水也不**显**山，

kǎo gè zhuàng yuan bú yì bān
考个状元不一般。

xiǎn
显

显露　显示　明显　显山露水

xiàn
现

出现　发现　现金　丢人现眼

扫二维码观看
汉字小动画

象 像 相

易错字篇

易错字歌谣100首

chánɡ bí dà xiànɡ zhǎnɡ de zhuànɡ
长鼻大**象**长得壮，

qiú rén ɡěi tā huà zhānɡ xiànɡ
求人给它画张**像**。

huà jiā shuō tā xínɡ xiànɡ hǎo
画家说它形**象**好，

xiànɡ mào chū qí bù pínɡ chánɡ
相貌出奇不平常。

kě xī jīn tiān méi dài bǐ
可惜今天没带笔，

xiànɡ jī dào shì nénɡ zhào xiànɡ
相机倒是能照**相**。

zhào hǎo xiànɡ piàn dà xiànɡ kàn
照好**相**片大**象**看，

hé tā zhēn xiànɡ yí ɡè yànɡ
和它真**像**一个样。

扫码听儿歌

xiàng **象**：大象　象鼻　形象　想象

xiàng **像**：好像　画像　雕像　肖像

xiàng **相**：相貌　照相　亮相　真相

xiāng **相**：相互　相等　相同　相对

告别错别字

捡 拣

易错字篇

扫码听儿歌

yì pén lǜ dòu chān huáng dòu
一盆绿豆掺黄豆，

xiǎo zhū fēn **jiǎn** tǐng fā chóu
小猪分**拣**挺发愁。

xiǎo hóu xiǎo jī lái bāng máng
小猴、小鸡来帮忙，

jiǎn chū huáng dòu shèng lǜ dòu
拣出黄豆剩绿豆。

xiǎo zhū gāo xìng hā hā xiào
小猪高兴哈哈笑，

dǎ fān lǜ dòu shī le shǒu
打翻绿豆失了手。

sā rén dèng yǎn hù xiāng chǒu
仨人瞪眼互相瞅，

hái děi wān yāo **jiǎn** lǜ dòu
还得弯腰**捡**绿豆。

jiǎn
捡

捡拾　捡漏　收捡

jiǎn
拣

拣选　分拣　挑三拣四　披沙拣金

斜 邪

易错字篇

温馨提示

小心斜坡

WATCH THE SLOPE

bú zhèng bù píng xié zì jiǎng
不正、不平“**斜**”字讲，

xié fēng xì yǔ bàn xié yáng
斜风细雨伴**斜**阳。

shān dì xié pō xià dà xuě
山地**斜**坡下大雪，

tiān rán yí gè huá xuě chǎng
天然一个滑雪场。

xié shì xīn si bú zhèng dàng
“**邪**”是心思不正当，

wāi mén xié dào guǐ jì liǎng
歪门**邪**道鬼伎俩。

zhèng qì hào rán qū xié qì
正气浩然驱**邪**气，

hóng yáng shè huì zhèng néng liàng
弘扬社会正能量。

扫码听儿歌

xié **斜**：歪斜、倾斜、斜坡、斜阳

xié **邪**：邪恶、邪念、改邪归正、歪风邪气

泄 泻

扫码听儿歌

pái fàng chu qu jiào zuò xiè
排放出去叫作“泄”，
xiè hóng xiè fèn hé pái xiè
泄洪、泄愤和排泄。
yě zhǐ zuò shì yǒu lòu dòng
也指做事有漏洞，
xiè lù xiè mì méi chá jué
泄露、泄密没察觉。
xiè shì yè tǐ liú de jí
“泻”是液体流得急，
lā xī xiè dù bù tíng xiē
拉稀泻肚不停歇。
xiǎng biē nǐ yě biē bu zhù
想憋你也憋不住，
gǎn jǐn chī yào lái zhǐ xiè
赶紧吃药来止泻。

xiè 泄：排泄　泄洪　泄气　泄密

xiè 泻：倾泻　腹泻　泻药　一泻千里

映 应

扫码听儿歌

xiǎo zhū shàng kè bù tīng huà
小猪上课不听话，

bèi zhǎo jiā zhǎng xīn li pà
被找家长心里怕。

fǎn yìng qíng kuàng zhū mā nù
反**映**情况猪妈怒，

huí jiā pī pā yí dùn dǎ
回家噼啪一顿打。

xìng hǎo xiǎo zhū fǎn yìng kuài
幸好小猪反**应**快，

tōu diàn zhǐ ké dàng kǎi jiǎ
偷垫纸壳当铠甲。

mǎn kǒu dā yìng néng gǎi guò
满口答**应**能改过，

kēng chi kēng chi xiě jiǎn chá
吭哧吭哧写检查。

yìng **映**：映照　映射　反映　映衬

yīng **应**：应该　应当　应有尽有　应允

yìng **应**：反应　呼应　应对　应变

依
倚

扫码听儿歌

yī　zì xiàng rén shēn shàng yī
“依”字像人身上衣，
āi de hěn jìn hěn qīn mì
挨得很近很亲密。
yī kào　yī lài hé yī liàn
依靠、依赖和依恋，
yī yī bù shě shì bié lí
依依不舍是别离。
yǐ　zì xiàng rén yǒu mǎ qí
“倚”字像人有马骑，
yǒu suǒ píng zhàng xīn yǒu dǐ
有所凭仗心有底。
yǐ zhàng　yǐ zhe hé yǐ zhòng
倚仗、倚着和倚重，
bù piān bù yǐ yǒu dǐ qì
不偏不倚有底气。

yī
依

依靠　依赖　依恋　依照

yǐ
倚

倚重　倚仗　倚老卖老　不偏不倚

拥 涌

易错字篇

扫码听儿歌

xiōng mèi xiǎo měi hé dà huáng
兄妹小美和大黄，

cóng xiǎo fēn kāi gè zì máng
从小分开各自忙。

jiē tóu ǒu yù yōng bào jǐn
街头偶遇**拥**抱紧，

lèi rú quán yǒng xīn bēi shāng
泪如泉**涌**心悲伤。

nǐ gěi wǒ gēn bàng bàng táng
你给我根棒棒糖，

wǒ zhè hái yǒu hǎo gān liáng
我这还有好干粮。

lín bié yōng bào shuō zhēn zhòng
临别**拥**抱说珍重，

yǒu kòng zán qù kàn kan niáng
有空咱去看看娘。

yōng **拥**：拥抱　拥护　拥挤　蜂拥而至

yǒng **涌**：汹涌　涌现　涌动　风起云涌

源 渊

扫码听儿歌

yuán de yì si shì shuǐ yuán
"源"的意思是水源，

qǐ yuán lái yuán hé fā yuán
起源、来源和发源。

yuán yuǎn liú cháng suì yuè jiǔ
源远流长岁月久，

zhōng huá shàng xià wǔ qiān nián
中华上下五千年。

yuān de yì si shì shēn tán
"渊"的意思是深潭，

xuán yá xià miàn shì shēn yuān
悬崖下面是深渊。

dōng jìn míng shì táo yuān míng
东晋名士陶渊明，

zào le yí gè táo huā yuán
造了一个桃花源。

yuán 源：水源　源头　起源　源远流长

yuān 渊：深渊　山渊　渊博　临渊羡鱼

则 责

易错字篇

扫码听儿歌

zé de yì si shì mó fàn

“则”的意思是模范，

yǐ shēn zuò zé xiàng zhèr kàn

以身作则向这儿看。

yuán zé fǎ zé hé zhǔn zé

原则、法则和准则，

zūn shǒu guī zé bù dǎo luàn

遵守规则不捣乱。

zé de yì si shì zé rèn

“责”的意思是责任，

fèn nèi zhī shì yào zuò wán

分内之事要做完。

fù zé jìn zé hé zhí zé

负责、尽责和职责，

rén rén yǒu zé bù tōu lǎn

人人有责不偷懒。

zé 则：规则　原则　准则　以身作则

zé 责：责任　负责　职责　责怪

胀 涨

扫码听儿歌

péng zhàng zhǒng zhàng dù zi zhàng
膨胀、肿胀、肚子胀，

tǐ jī biàn dà jiù shì zhàng
体积变大就是“胀”。

rè zhàng lěng suō shì cháng tài
热胀冷缩是常态，

shuǐ biàn chéng bīng fǎn péng zhàng
水变成冰反膨胀。

zhǎng zì yǒu shuǐ shuǐ wèi zhǎng
“涨”字有“氵”水位涨，

shuǐ zhǎng chuán gāo wù jià yáng
水涨船高物价扬。

tóu hūn nǎo zhàng nǎo chōng xuè
头昏脑涨脑充血，

liǎn zhàng tōng hóng tài jǐn zhāng
脸涨通红太紧张。

zhàng
胀：膨胀　肿胀　胀满　热胀冷缩

zhǎng
涨：涨潮　涨水　涨价　物价飞涨

zhàng
涨：头昏脑涨　涨红了脸

作 做

扫码听儿歌

zuò　de dòng zuò jiào chōu xiàng
“**作**”的动**作**较抽象，

zuò è　zuò bì hé zuò guài
作恶、**作**弊和**作**怪，

dōu bú jù tǐ méi fǎ liáng
都不具体没法量。

zuò　de dòng zuò jiào jù tǐ
“**做**”的动**作**较具体，

zuò shì　zuò fàn　zuò yī shang
做事、**做**饭、**做**衣裳，

zuò shá dōu kě shuō fēn xiáng
做啥都可说分详，

shàng kè tīng jiǎng bié luàn xiǎng
上课听讲别乱想，

zuò yè yào zuò méi shāng liang
作业要**做**没商量。

zuò **作**：振作　工作　创作

zuò **做**：做工　做人　做客

词 辞

易错字篇

扫码听儿歌

xiǎo zhū xǐ huan dú sòng cí
小猪喜欢读宋**词**，

zhuāng mú zuò yàng lái tián cí
装模作样来填**词**。

bù dǒng xiū cí wén jù chà
不懂修**辞**文句差，

bèi rén xiào hua liǎn fā zǐ
被人笑话脸发紫。

mèng lǐ bài shī yù sū shì
梦里拜师遇苏轼，

sū shì tōu lǎn xiǎng tuī cí
苏轼偷懒想推**辞**。

xiǎo zhū jí yǎn chōng shàng qián
小猪急眼冲上前，

bù jiāo tián cí bá hú zi
不教填**词**拔胡子。

cí
词：词汇　词语　宋词　歌词

cí
辞：修辞　辞赋　辞职　义不容辞

qiáozhuāng dǎ bàn　　qiǎozhuāng dǎ bàn

乔装打扮—巧装打扮

qiáozhuāng dǎ bàn

乔装打扮：指用手段改变原来的面貌。

例句：六一儿童节，猪小戒乔装打扮一番，表演了精彩的节目。

qiǎo

如果你错写成了巧装打扮……

“乔”字不仅指高，还指曲，因此有不直接、隐藏等含义，由此引申出假扮、作假的意思，如乔装打扮；“巧”字的意思是灵敏，还指刚好遇到某种机会，如凑巧、灵巧等。

wān qū　　wān qū
弯曲—弯屈

wān qū

弯曲：常用于形容事物的形状不直。

例句：这是一条弯曲的小路。

　　　　　　　　qū

如果你错写成了**弯屈**……

"曲"字一般指外形上的"不直"，如弯曲、卷曲等；"屈"字多指因受到压迫而在心理上产生的弯曲，如屈服、委屈等。

萃 粹

易错字篇

cuì zì yǒu cǎo zhǐ jù jí
“萃”字有“艹”指聚集，

huì cuì yì táng rén wù měi
荟萃一堂人物美。

chū lèi bá cuì shuǐ píng gāo
出类拔萃水平高，

rén qián xiǎn guì chéng xīn ruì
人前显贵成新锐。

cuì de yì si shì bù zá
“粹”的意思是不杂，

chún cuì yù cuì hé jīng cuì
纯粹、玉粹和精粹。

jù yuàn lǐ miàn luó gǔ xiǎng
剧院里面锣鼓响，

jīng qiāng jīng jù shì guó cuì
京腔京剧是国粹。

扫码听儿歌

辟 劈

扫码听儿歌

xiǎo zhū kāi pì zhuāng jia dì
小猪开**辟**庄稼地，
zhòng shàng dà dòu hé yù mǐ
种上大豆和玉米。
hū yǒu yáo yán chuán chu lai
忽有谣言传出来，
dì xià yǒu bǎo zài zhè lǐ
地下有宝在这里。
xiǎo zhū xīn jí máng pì yáo
小猪心急忙**辟**谣，
tīng shuō yáo zì xiǎo hóu qǐ
听说谣自小猴起。
xiǎo hóu fā shì bú shì tā
小猴发誓不是它，
fǒu zé tiān dǎ hé léi pī
否则天打和雷**劈**。

pì **辟**：开辟　精辟　辟谣　开天辟地

pī **劈**：劈砍　劈开　天打雷劈　劈头盖脸

pǐ **劈**：劈柴　劈叉　劈账　劈成三股

贡 供

gòng zì yǒu bèi xiàng shàng tōng
“贡”字有“贝”向上通（工），

qián wù jìn xiàn gěi cháo tíng
钱物进献给朝廷。

jìn gòng nà gòng hé cháo gòng
进贡、纳贡和朝贡，

huáng dì gāo xìng xiào liǎn yíng
皇帝高兴笑脸迎。

miào qián yù dào sǎo dì sēng
庙前遇到扫地僧，

gòng fèng xiāng yóu diǎn yóu dēng
供奉香油点油灯。

yóu dēng cháng míng xīn bú àn
油灯长明心不暗，

bǎo yòu zì jǐ zhì huì shēng
保佑自己智慧生。

扫码听儿歌

gòng 贡：贡献　贡品　进贡　纳贡

gōng 供：供给　供应　提供　供不应求

gòng 供：上供　供奉　口供　供认

勾 钩

易错字篇

扫码听儿歌

xiǎo māo diào yú shuǎi yú gōu
小猫钓鱼甩鱼**钩**，

dūn zài hé biān dèng yǎn chǒu
蹲在河边瞪眼瞅。

diào le bàn tiān méi diào dào
钓了半天没钓到，

shōu huí yú gōu mǎn liǎn chóu
收回鱼**钩**满脸愁。

xiǎo zhū lù guò zhí yáo tóu
小猪路过直摇头，

cháo zhe xiǎo māo gōu gou shǒu
朝着小猫**勾勾**手。

yú gōu shàng miàn bú fàng ěr
鱼**钩**上面不放饵，

yú ér zěn me kěn shàng gōu
鱼儿怎么肯上**钩**？

gōu
勾：勾画　勾勒　勾引　一笔勾销

gōu
钩：钩子　鱼钩　秤钩　挂钩

冷知识课堂

龙马精神是说龙和马的精神吗?

不是我抬杠啊，龙神秘威严，马活力四射，但要论精神，龙肯定比马精神啊！为什么非要把它俩搁一块儿说?

龙马精神与龙并没什么关系，因为它说的就是一种马。

古人爱马，按照马的身高，六尺以上的骏马称为“骄”，七尺以上的称为“騋”（lái），八尺以上的称为“龙”。

龙马精神说的就是这种异常高大健壮的骏马的神采。

孺子牛是什么牛?

孺子是小孩儿，孺子牛就是小牛吧?

孺子牛其实不是牛，它来自一位国君对自己小儿子的疼爱。

齐景公非常疼爱小儿子荼（tú）。有一次在玩耍时，齐景公竟然扮作一头牛，嘴里叼了根绳子让荼牵着走。荼不小心摔倒，把齐景公的牙齿都给拉断了。

孺子牛原本表示父母对子女的过分疼爱，后来也比喻心甘情愿为人民服务，无私奉献的人。

冷知识课堂

一亩三分地是怎么来的？

一亩三分地，有零有整，是谁划分的？

中国古时候有天子藉田的传统，就是在春耕之前，天子率领大臣亲自耕田，表达对农业的重视。

到了明朝，皇帝在北京城西南修建了先农坛。每年春天祭祀完先农神后，皇帝都要亲自到观耕台南边的土地上耕作。他耕的这块地正好一亩三分，一亩三分地便由此而来。

放肆竟来源于一种酷刑

古人为啥说放肆（肆是四的大写），不说放三、放五呢？

肆最初有陈列摆放的意思。天子驾崩后，要把遗体展开沐浴，这被称为“大肆”。后来，肆就有了陈尸示众的含义。

放的意思是流放，与肆合起来就是放肆，意思是弃尸于市，陈列示众。这当然是一种酷刑。后来才引申为轻率任意，毫无顾虑。

两 俩

易错字篇

guò nián jiā jiā tiē duì lián
过年家家贴对联，

xiǎo zhū yér liǎ xīn xǐ huan
小猪爷儿**俩**心喜欢。

shàng lián xià lián gòng liǎng gè
上联、下联共**两**个，

fēn bié tiē zài mén liǎng biān
分别贴在门**两**边。

duì lián shàng bian tiē héng pī
对联上边贴横批，

qiè jì yào zài zhèng zhōng jiān
切记要在正中间。

tiē hǎo duì lián hé héng pī
贴好对联和横批，

yér liǎ jī zhǎng hù diǎn zàn
爷儿**俩**击掌互点赞。

扫码听儿歌

liǎng **两**：两个　两边　两天　两袖清风

liǎ **俩**：娘儿俩　咱俩　他俩　夫妻俩

liǎng **俩**：伎俩　有三有俩

却 怯

扫码听儿歌

què de yì si shì hòu tuì
“**却**”的意思是后退，

wàng ér què bù bù xiāng suí
望而**却**步不相随。

qiè zì yǒu xīn xīn shēng wèi
“**怯**”字有“忄”心生畏，

dǎn xiǎo qiè nuò cháng hòu huǐ
胆小**怯**懦常后悔。

qiè zhèn qiè chǎng hé lòu qiè
怯阵、**怯**场和露**怯**，

què shuō zì jǐ bù dǎn qiè
却说自己不胆怯。

què
却：忘却　退却　望而却步　盛情难却

qiè
怯：怯懦　胆怯　羞怯　怯场

受 授

扫码听儿歌

xiǎo xióng tān chī pí ròu hòu
小熊贪吃皮肉厚，

dú mó jìn dù zhēn nán shòu
毒蘑进肚真难**受**。

xìng kuī dú mó chī de shǎo
幸亏毒蘑吃得少，

shàng tù xià xiè xiǎo mìng liú
上吐下泻小命留。

xiǎo tù mó gu cǎi de hǎo
小兔蘑菇采得好，

yuàn bǎ běn lǐng lái chuán shòu
愿把本领来传**授**。

xū xīn xué xí xiǎo xióng xǐ
虚心学习小熊喜，

shòu yì fěi qiǎn bú zài chóu
受益匪浅不再愁。

shòu **受**：接受　感受　享受　受益匪浅

shòu **授**：授予　授意　授权　传授

炭

易错字篇

碳

扫码听儿歌

tàn de yì si shì mù tàn
“炭”的意思是木炭，
tàn huǒ shāo kǎo yáng ròu chuàn
炭火烧烤羊肉串。
tàn zì yě kě zhǐ méi tàn
“炭”字也可指煤炭，
shāo méi fā diàn sòng wēn nuǎn
烧煤发电送温暖。
tàn zì shì zhǐ tàn yuán sù
“碳”字是指碳元素，
guǎng fàn fēn bù dà zì rán
广泛分布大自然。
tàn suān yǐn liào yào shǎo hē
碳酸饮料要少喝，
yá chǐ fǔ shí zhēn nán kàn
牙齿腐蚀真难看。

tàn 炭：木炭　煤炭　焦炭　雪中送炭

tàn 碳：低碳　碳酸　碳化　碳弧

形 型

扫码听儿歌

“形”和“型”，不相同，
有啥区别听分明。
“形”是轮廓和样子，
形状、形态和地形，
外面就能看得清。
“型”是种类可归拢，
血型、脸型和类型，
具有共同的特征。

训 驯

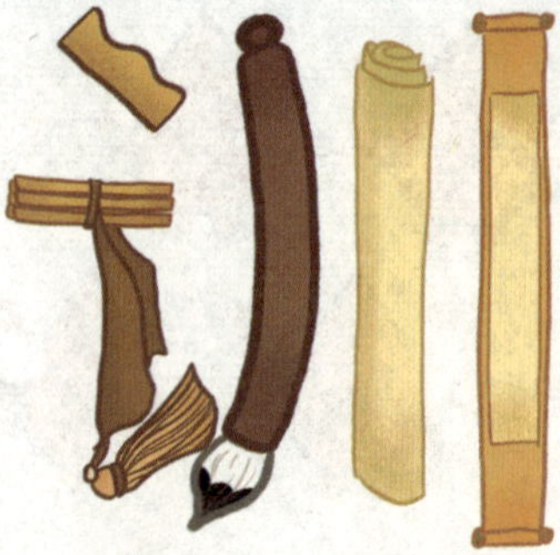

扫码听儿歌

xùn　xùn　yòu biān shì gè shá
"训""驯"右边是个啥？

kě yǐ kàn zuò jiǎn xiě　shùn
可以看作简写"顺"。

xùn　zì yǒu　yán　zhǐ jiào dǎo
"训"字有"讠"指教导，

sī wéi　yǔ yán hé dòng zuò
思维、语言和动作，

xùn liàn zhī hòu dá biāo zhǔn
训练之后达标准。

xùn　zì yǒu　mǎ　zhǐ dòng wù
"驯"字有"马"指动物，

fēi qín zǒu shòu yě xìng zú
飞禽走兽野性足，

xùn fú zhī hòu biàn wēn shùn
驯服之后变温顺。

xùn
训：教训　培训　家训　训诫

xùn
驯：驯化　驯服　驯良　桀骜不驯

照
易错字篇
昭

扫码听儿歌

zhào　zì yǒu　huǒ　zhǐ guāng zhào
"照"字有"灬"指光照，
zhào liàng　zhào shè hé zhào yào
照亮、照射和照耀。
nǚ hái ér ài měi zhào jìng zi
女孩儿爱美照镜子，
fù mǔ zhào kàn xiǎo bǎo bao
父母照看小宝宝。
zhào　zì qù　huǒ　biàn chéng　zhāo
"照"字去"灬"变成"昭"，
xiǎn shì　xiǎn zhù yì míng liǎo
显示、显著意明了。
xǐ qīng yuān qū jiào zhāo xuě
洗清冤屈叫昭雪，
tiān lǐ zhāo zhāo yǒu gōng dào
天理昭昭有公道。

zhào
照：照耀　照射　照相　照看

zhāo
昭：昭示　昭彰　昭雪　臭名昭著

住 驻

扫码听儿歌

xiǎo zhū jiā zài shān li zhù
小猪家在山里**住**，
zhòng zhí shū cài hé hóng shǔ
种植蔬菜和红薯。
cháng zhù rén shǎo shān cūn xiǎo
常**住**人少山村小，
zǒng gòng èr sān shí zhù hù
总共二三十**住**户。
méi yǒu wū rǎn shān yǒu wù
没有污染山有雾，
yóu kè zhù zú hú dié wǔ
游客**驻**足蝴蝶舞。
zhù yán yǒu shù bù xiǎn lǎo
驻颜有术不显老，
zhū mā xiào shēng tíng bu zhù
猪妈笑声停不**住**。

zhù
住：居住　住宅　住手　停住

zhù
驻：驻扎　驻军　驻防　驻足

鱼钩—鱼勾

鱼钩：钓鱼的钩子，多呈弯勾状。
例句：想要钓上大鱼，需要用特制的鱼钩。

如果你错写成了鱼**勾**……

"钩"字左边是金字旁，表示和金属有关的钩形事物，如鱼钩、挂钩等；"勾"字表示像钩子一样的，可以是动作，如勾手指、勾引等，也可以是画的线条，如勾画、勾勒等。

péi xùn　péi xùn
培训—培驯

péi xùn
培训：对技术工人、专业干部等进行培养和训练。
例句：猪小戒想去参加挖掘机培训。

xùn
如果你错写成了**培驯**……

"训"字和"驯"字右边的"川"字，可以看作省写的"顺"字。"训"字左边的"讠"表示教导，人的思维、语言和动作等，经过教导后达到一定标准，这就是训练；"驯"字左边的"马"表示动物，让有野性的动物顺从人类，这就是驯服。

告别错别字

形近字歌谣100首

熊爸老黑◎著绘

海豚出版社
DOLPHIN BOOKS
CICG 中国国际传播集团

图书在版编目（CIP）数据

告别错别字. 形近字歌谣100首 / 熊爸老黑著绘.
北京：海豚出版社，2025. 5. — ISBN 978-7-5110
-7407-2

Ⅰ. G624.203

中国国家版本馆CIP数据核字第20257T18A1号

出 版 人：王　磊
责任编辑：杨文建　白　云
项目编辑：葛荣华　冷国东
责任印制：于浩杰　蔡　丽
法律顾问：北京市君泽君律师事务所　马慧娟　刘爱珍

出　　版：海豚出版社
地　　址：北京市西城区百万庄大街24号
邮　　编：100037
电　　话：010-51262720（销售）010-68996147（总编室）
传　　真：010-68996147
印　　刷：唐山楠萍印务有限公司
经　　销：全国新华书店及各大网络书店
开　　本：710毫米×1000毫米　1/16
印　　张：32.5
字　　数：200千
版　　次：2025年5月第1版　2025年5月第1次印刷
标准书号：ISBN 978-7-5110-7407-2
定　　价：180.00元（全4册）

本书二维码自版权页所标注印刷之日起三年内有效　版权所有　侵权必究

前言

总是因为错别字而挨批的小朋友有福了，这套书就是专门解决这个问题的。

我们将形近字、同音字、多音字、易错字分门别类，以儿歌的形式讲述了 800 多个小学生常见的错别字，对它们进行了详细梳理与辨析。

这些儿歌准确生动，趣味性十足。比如《鸟·乌》：“‘鸟’和‘乌’，看眼珠：小鸟眼珠滴溜儿圆，看啥都清楚；乌鸦上下一身黑，眼珠找不到，可把人难住。”短短几句话，紧紧围绕“眼珠”这个区分“鸟”“乌”二字的关键因素展开，让人印象深刻。

我们还准备了搞笑漫画和有趣的冷知识内容，让阅读过程更轻松。

小朋友，准备好了吗？现在就开始阅读，告别错别字吧。

迷糊的大胃王，从小就有一个理想，成为一名美食家，所以他对一切与美食相关的东西都非常感兴趣。

猪小戒

性格火暴，心地善良，是猪小戒的克星。

板牙妹

运动健将，性格豪爽，是猪小戒的好伙伴。

孙小空

性格孤僻，在班上的人缘不好，除了猪小戒，其他同学都不爱与他交往。

金小角

目录

第四章
睡在下铺的兄弟——上面相同，下面不同

第五章
睡在上铺的兄弟——下面相同，上面不同

第六章
里面的世界也精彩——外面相同，里面不同

儿 几

形近字篇

扫码听儿歌

ér hé jī jì qīng chu
"儿"和"几"，记清楚：

xiǎo ér hā hā xué zǒu lù
小儿哈哈学走路，

xià miàn chuān zhe kāi dāng kù
下面穿着开裆裤；

jī zì zhōng jiān yǒu yì héng
"几"字中间有一横，

xiàng shì chá jī néng fàng wù
像是茶几能放物。

ér 儿：儿子　儿童　孩儿　健儿

jī 几：茶几　几案　几乎

jǐ 几：几个　几何　几许

告别错别字

己
形近字篇
已

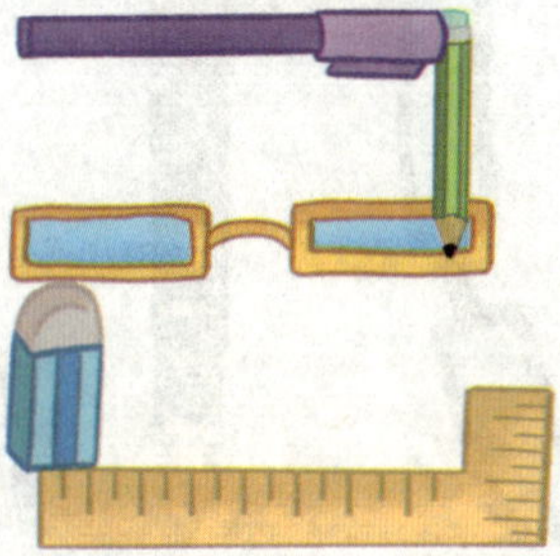

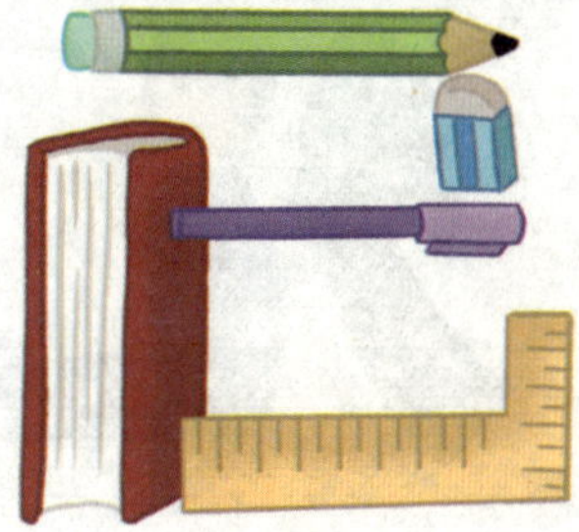

扫码听儿歌

zhāng kǒu jǐ bàn kǒu yǐ
张口“己”，半口“已”。

zì jǐ de shì qíng zì jǐ zuò
自己的事情自己做，

qiú rén bù rú kào zì jǐ
求人不如靠自己。

yǐ shì jié shù hé guò qù
已是结束和过去，

liú xià měi hǎo chéng huí yì
留下美好成回忆，

suǒ yǒu de fán nǎo suí fēng qù
所有的烦恼随风去。

jǐ 己：自己　知己　先人后己　严于律己

yǐ 已：已经　已然　木已成舟　不能自已

甲

由

扫码听儿歌

jiǎ hé yóu kàn chū tóu
"甲"和"由"，看出头：

xià miàn chū tóu dú zuò
下面出头读作"jiǎ"，

wū guī zì jǐ dài kuī jiǎ
乌龟自己带盔甲；

shàng miàn chū tóu dú zuò
上面出头读作"yóu"，

zhǎo gè lǐ yóu ài zì yóu
找个理由爱自由。

jiǎ
甲：盔甲　甲鱼　穿山甲　甲骨文

yóu
由：理由　由于　不由自主　自由自在

龙 尤

形近字篇

lóng hé yóu yǒu xiē xiàng
“龙”和“尤”，有些像，

chā bié jiù zài wěi ba shàng
差别就在尾巴上。

shén lóng bǎi wěi duō yì piě
神龙摆尾多一撇，

huá qǐ lóng zhōu qǐng lóng wáng
划起龙舟请龙王。

yóu shì tū chū hé guò cuò
尤是突出和过错，

yǒu cuò jiù gǎi bú yòng huāng
有错就改不用慌，

yóu qí bù néng qù shuō huǎng
尤其不能去说谎。

扫码听儿歌

lóng 龙：龙王　龙舟　老态龙钟　龙马精神

yóu 尤：尤其　尤异　怨天尤人　以儆效尤

未
形近字篇
末

扫码听儿歌

wèi hé mò bù yí yàng
“未”和“末”，不一样，

liǎng héng cháng duǎn shuō fēn xiáng
两横长短说分详：

shàng duǎn xià cháng dú zuò
上短下长读作“wèi”，

wèi lái kě qī qián lì dà
未来可期潜力大；

shàng cháng xià duǎn dú zuò
上长下短读作“mò”，

běn mò dào zhì yào zāo yāng
本末倒置要遭殃。

wèi 未：未来、未知、未必、未来可期

mò 末：末尾、末日、周末、本末倒置

午
牛

扫二维码观看汉字小动画

扫码听儿歌

bái tiān fēn chéng sān gè wǔ
白天分成三个“午”，
shàng wǔ zhōng wǔ hé xià wǔ
上午、中午和下午。
wǔ zì chū tóu jiù shì niú
午字出头就是“牛”，
huáng niú shuǐ niú hé nǎi niú
黄牛、水牛和奶牛。
wǔ cān lǐ miàn yǒu niú ròu
午餐里面有牛肉，
hái yǒu niú nǎi hé tǔ dòu
还有牛奶和土豆。

wǔ 午：中午 午餐 午觉 端午

niú 牛：黄牛 水牛 牛奶 吹牛

人 形近字篇 入

扫二维码观看
汉字小动画

扫码听儿歌

yì piě yí nà rén hé rù
一撇一捺“人”和“入”，

bǐ huà suī shǎo yì mó hu
笔画虽少易模糊：

piě zài shàng shí dú zuò
撇在上时读作“rén”，

nán rén nǚ rén suǒ yǒu rén
男人、女人所有人；

piě zài xià shí dú zuò
撇在下时读作“rù”，

jiā rù jìn rù hé chū rù
加入、进入和出入。

rén 人	男人	女人	人民	平易近人
rù 入	加入	出入	收入	入木三分

士 土

扫二维码观看汉字小动画

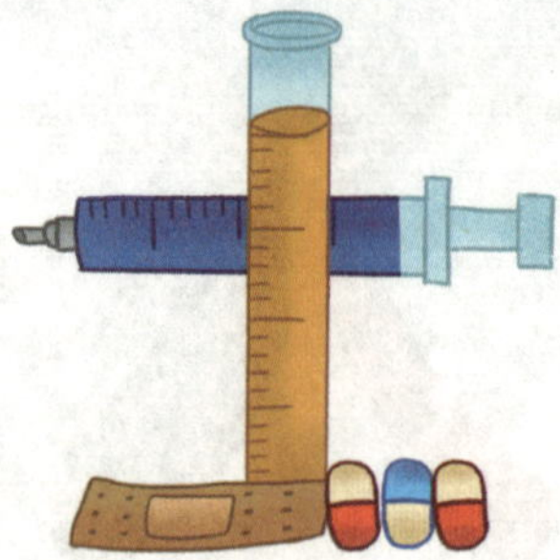

扫码听儿歌

shí zì zài shàng shì hé tǔ
“十”字在上“士”和“土”，

xià miàn yì héng fēn qīng chu
下面一横分清楚：

duǎn héng hǎo xiàng qǐ pǎo xiàn
短横好像起跑线，

yǒng shì chū fā tuò jiāng tǔ
勇士出发拓疆土；

cháng héng hǎo xiàng dì píng xiàn
长横好像地平线，

jiǎo xià dà dì shì guó tǔ
脚下大地是国土。

shì 士：士兵　勇士　绅士　士大夫

tǔ 土：土地　土豆　泥土　土特产

鸟
乌

扫二维码观看
汉字小动画

扫码听儿歌

niǎo　hé　wū　kàn yǎn zhū
“鸟”和“乌”，看眼珠：

xiǎo niǎo yǎn zhū dī liū yuán
小鸟眼珠滴溜圆，

kàn shá dōu qīng chu
看啥都清楚；

wū yā shàng xià yì shēn hēi
乌鸦上下一身黑，

yǎn zhū zhǎo bu dào
眼珠找不到，

kě bǎ gè rén nán zhù
可把个人难住。

niǎo
鸟

小鸟　鸵鸟　啄木鸟　鸟语花香

wū
乌

乌鸦　乌云　乌龟　乌合之众

又

叉

扫码听儿歌

yòu zì yuán xíng shì zhī shǒu
“又”字原型是只手，

zuǒ shǒu yòu shǒu dà jiā yǒu
左手、右手大家有。

zhāng kāi shǒu zhǐ xiàng chā zi
张开手指像叉子，

dōng xi zhuā zài shǒu li tou
东西抓在手里头。

yòng shǒu zhuā chā zi zhā
用手抓，叉子扎，

chā zi jiù xiàng jiē cháng de shǒu
叉子就像接长的手。

yòu
又

又大　又好　欲言又止　又惊又喜

chā
叉

叉子　叉烧　钢叉　夜叉

duān wǔ
端午

端午： 一般是指端午节。
例句： 端午节是我国的传统节日。

如果你错写成了**端牛**（niú）……

“午”字上面不出头，表示中午；“牛”字上面出头，表示家畜“牛”。“端午”不能写成“端牛”。

shēn tǐ

身体

身体：指人或动物的整个生理组织，有时特指躯干和四肢。
例句：早上空气好，非常适合锻炼身体。

xiū

如果你错写成了身**休**……

“体”是指身体，由“亻”和“本”组成，可以理解为身体是人的根本；“休”由“亻”和“木”组成，人靠在树上，是休息的意思。

郎 朗

形 近 字 篇

扫码听儿歌

láng hé lǎng dōu yǒu liáng
"郎"和"朗"，都有"良"，

liáng de yì si shì hěn hé hǎo
"良"的意思是很和好。

xīn dì guāng míng liáng jiā zǐ
心地光明良家子，

jiù shì zhōng huá hǎo ér láng
就是中华好儿郎。

yì lún lǎng yuè guà tiān shàng
一轮朗月挂天上，

kàn jiàn xīn qíng jiù kāi lǎng
看见心情就开朗。

láng
郎

郎君 新郎 儿郎 牛郎织女

lǎng
朗

晴朗 开朗 朗读 月朗星稀

狼 狠

扫二维码观看汉字小动画

扫码听儿歌

zuǒ biān quǎn yòu biān liáng
左边犬（犭），右边“良”，

yě láng liǎng yǎn fàng hán guāng
野**狼**两眼放寒光。

liáng zì tóu shàng qù yì diǎn
“良”字头上去一点，

yě láng fā hěn fān bái yǎn
野**狼**发**狠**翻白眼。

xià de wū guī máng suō tóu
吓得乌龟忙缩头，

tù zi xīn jīng hóng le yǎn
兔子心惊红了眼。

láng **狼**：灰狼　狼狗　黄鼠狼　狼狈不堪

hěn **狠**：狠心　狠毒　凶狠　心狠手辣

即 既

jí hé jì yòu bù tóng
“**即**”和“**既**”，右不同：

jié zì xiàng rén zài qǐ pǎo
“卩”字像人在起跑，

jiāng yào kāi shǐ méi fā shēng
将要开始没发生；

jì zì xiàng rén niǔ tóu kàn
“旡”字像人扭头看，

biǎo shì shì qing yǐ wán chéng
表示事情已完成。

扫码听儿歌

jí **即**：即使　即便　即将　立即

jì **既**：既然　既往　既定　既而

幼 幻

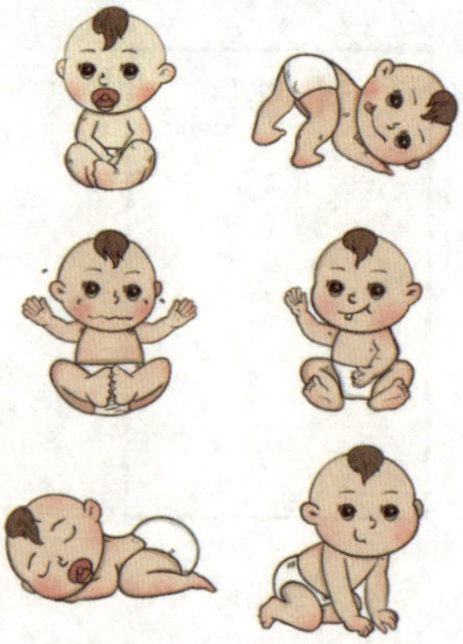

扫码听儿歌

yòu ér suī xiǎo yě yǒu lì
幼儿虽小也有力，

hú lu wá gè gè hěn shén qí
葫芦娃个个很神奇。

yào shi bǎ lì qù yì bǐ
要是把力去一笔，

huàn zì wú lì biàn kōng xū
“幻”字无力变空虚。

rén zài yòu nián duō huàn xiǎng
人在幼年多幻想，

měi mèng chéng zhēn kào nǔ lì
美梦成真靠努力。

yòu 幼：幼儿　幼稚　尊老爱幼　扶老携幼

huàn 幻：幻想　梦幻　科幻　风云变幻

沁 泌

qìn hé mì chà yì bǐ
“沁”和“泌”，差一笔，

yì si yě yǒu dà chā jù
意思也有大差距：

qìn zì xīn shuǐ liǎng xiāng yī
“沁”字“心”“水”两相依，

qìn rùn xīn gān hé shèn pí
沁润心肝和肾脾；

xīn zì jiā piě biàn chéng bì
“心”字加撇变成“必”，

fēn mì bì yǒu shuǐ diǎn dī
分泌必有水点滴。

扫码听儿歌

qìn 沁：沁润　沁人心脾

mì 泌：分泌　泌尿系统

洒 酒

形近字篇

扫码听儿歌

liǎng gè guàn zi xī hé yǒu
两个罐子“西”和“酉”，

yí guàn shuǐ lái yí guàn jiǔ
一罐水来一罐酒。

shuǐ guàn sǎ shuǐ gǎo wèi shēng
水罐洒水搞卫生，

shuǐ sǎ wán le wú suǒ yǒu
水洒完了无所有；

jiǔ guàn bù néng wǎng wài sǎ
酒罐不能往外洒，

měi jiǔ liú xià qǐng péng you
美酒留下请朋友。

sǎ 洒：洒水　洒脱　飘洒　洋洋洒洒

jiǔ 酒：酒家　酒宴　酒足饭饱　对酒当歌

湿 温

扫码听儿歌

shī hé wēn yǒu xiē xiàng
"湿"和"温"，有些像，

tài yáng dāng tóu guà tiān shàng
太阳当头挂天上。

yí gè dì shī cháo qì zhòng
一个地湿潮气重，

shuǐ qì zhēng téng hǎo fán máng
水汽蒸腾好繁忙。

yí gè pén li zhuāng mǎn shuǐ
一个盆里装满水，

wēn dù shàng shēng nuǎn yáng yáng
温度上升暖洋洋。

shī 湿：湿润　湿度　潮湿　风湿

wēn 温：温暖　温度　温柔　温和

体 休

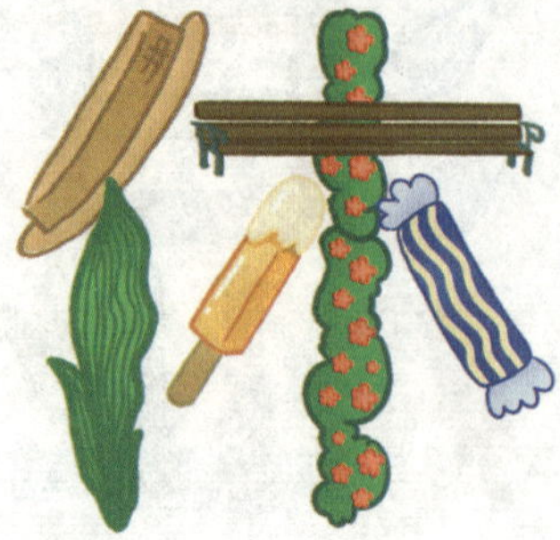

扫码听儿歌

rén de gēn běn shì shēn tǐ
人的根本是身**体**，

tiān tiān duàn liàn bié wàng jì
天天锻炼别忘记。

lèi le nǐ jiù qù xiū xi
累了你就去**休**息，

kào zài shù xià bǎ yǎn mī
靠在树下把眼眯。

láo yì jié hé jì xīn shàng
劳逸结合记心上，

xiū xi hǎo le shēn tǐ bàng
休息好了身**体**棒。

tǐ
体：体育　体操　身体　团体

xiū
休：休息　休闲　午休　退休

徙 徒

xǐ hé tú zài gǎn lù
“徙”和“徒”，在赶路（彳），

yòu biān shàng xià kàn qīng chu
右边上下看清楚：

xǐ shì bù bù wǎng qián zǒu
“徙”是步步往前走，

cóng yí chù bān dào lìng yí chù
从一处搬到另一处；

tú dì gēn zhe shī fu pǎo
徒弟跟着师父跑，

tóu shang dǐng le yì duī tǔ
头上顶了一堆土。

扫码听儿歌

xǐ 徙：迁徙　流徙　徙居

tú 徒：徒弟　徒步　徒劳　歹徒

折

形近字篇

拆

扫码听儿歌

zhé de yì si shì nòng duàn
“折”的意思是弄断，

shǒu lūn fǔ zi kǎn liǎng bàn
手（扌）抡斧子（斤）砍两半。

zhé duàn zhé dié shé le běn
折断、折叠、折了本，

bù zhé bú kòu dǎo méi dàn
不折不扣倒霉蛋。

fǔ zi lì hai yě pà chāi
斧子厉害也怕拆，

fǔ tóu fǔ bǐng lái fēn kāi
斧头、斧柄来分开。

chāi qiān chāi chú hé chāi xiè
拆迁、拆除和拆卸，

zuì tǎo yàn de shì chāi tái
最讨厌的是拆台。

zhé **折**：折断、折叠、折纸、不折不扣

shé **折**：折本、亏折

chāi **拆**：拆迁、拆除、拆穿、拆台

hěn rén

狠人

狠人：某方面有过人能力的人，与“厉害”“强”互为同义词。
例句：猪小戒觉得自己是个狠人，多苦的药都能吃下去。

láng
如果你错写成了**狼**人……

“狠”字有凶恶、残忍等意思。“狼”字比狠字多一个点，意思是形状像狗的哺乳动物。

sǎ shuǐ

洒水

洒水：使水或其他东西分散地落下。

例句：灰尘太多，扫地之前先洒点儿水。

jiǔ

如果你错写成了**酒**水……

“洒”有散水于地、散落、无拘无束的意思。“酒”则是用粮食或水果等发酵制成的含乙醇的饮料。

搏 博

扫码听儿歌

fū　zì xiàng shì shǒu sā wǎng
“尃”字像是手撒网，

yòng lì cái néng wǎng kǒu zhāng
用力才能网口张。

dà wǎng dǎ yú zá yòu duō
大网打鱼杂又多，

bó dà　bó xué yǔ yuān bó
博大、**博**学与渊**博**，

qīng qí suǒ yǒu shì dǔ bó
倾其所有是赌**博**。

bó　zì yǒu shǒu　biǎo yòng lì
“**搏**”字有手（扌）表用力，

bó dòu　bó shā yǔ bó jī
搏斗、**搏**杀与**搏**击，

pīn bó jìn qǔ zhēng dì yī
拼**搏**进取争第一。

bó **搏**：搏斗　搏击　拼搏　脉搏

bó **博**：博大　渊博　赌博　地大物博

告别错别字

斌 赋

形近字篇

扫码听儿歌

wén wǔ shuāng quán zì shì bīn
文武双全字是"斌",

cháng zuò rén míng měi yì cún
常做人名美意存。

wǔ lì cháng bàn wēi xìn zài
武力常伴威信在,

shōu shuì wéi fù guān fǔ mén
收税(贝)为赋官府门。

yī fǎ nà shuì shì yì wù
依法纳税是义务,

qǔ zhī yú mín yòng yú mín
取之于民用于民。

bīn 斌: 斌蔚 斌驳

fù 赋: 赋税 天赋 辞赋 诗词歌赋

贬 眨

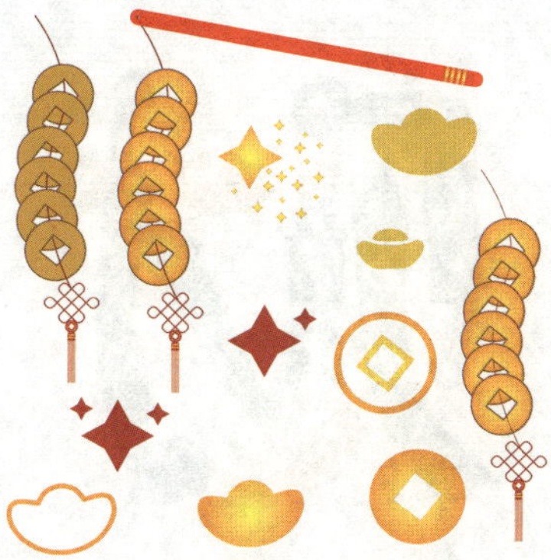

扫码听儿歌

zǒu le yòu zǒu shēn shàng fá
走了又走身上“乏”，

yǎn jing lèi le jǐn zhǎ ba
眼睛（目）累了紧眨巴。

tiān shàng xīng xing bú shuì jiào
天上星星不睡觉，

yì shǎn yì shǎn zhǎ ya zhǎ
一闪一闪眨呀眨。

bèi shì qián bì yào liú tōng
“贝”是钱币要流通，

tóng qián mó sǔn fèn liàng qīng
铜钱磨损分量轻，

fèn liàng qīng le jiù biǎn zhí
分量轻了就贬值，

zhè gè dào lǐ shuō de tōng
这个道理说得通。

biǎn
贬

贬低 贬值 贬义词 褒贬不一

zhǎ
眨

眨眼 眨巴 一眨眼 眨眼间

材
财

形近字篇

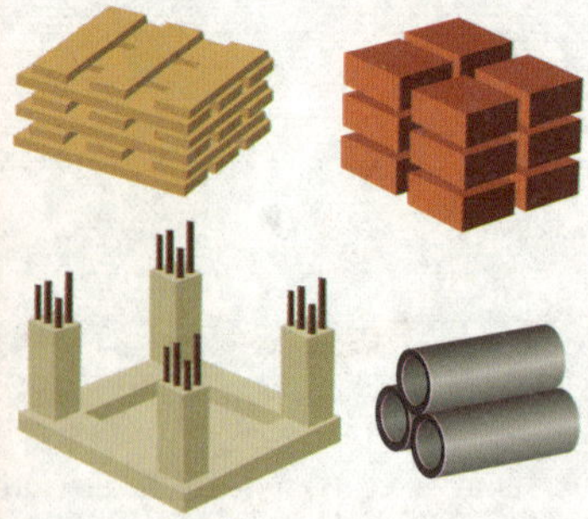

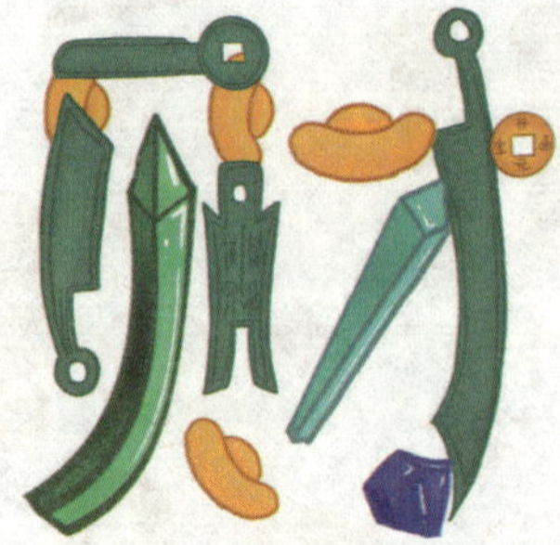

扫码听儿歌

mù cái yào cái yǔ gāng cái
木**材**、药**材**与钢**材**，

gè zhǒng yuán liào dōu shì cái
各种原料都是“**材**”。

tā men dōu néng yòng qián mǎi
它们都能用钱买，

jīn qián wù zī yě jiào cái
金钱、物资也叫“**财**”。

shēng cái yǒu dào shì cháng tài
生**财**有道是常态，

ài cái rú mìng bù yīng gāi
爱**财**如命不应该。

cái
材

木材　药材　材料　大材小用

cái
财

财产　财富　财主　爱财如命

测 恻

形近字篇

扫码听儿歌

zé de yì si shì mó fàn
"则"的意思是模范，

yǒu le biāo zhǔn hǎo cè yàn
有了标准好**测**验。

shuǐ shēn shuǐ qiǎn cè yi cè
水深水浅**测**一**测**，

hóng shuǐ lái le zǎo fáng fàn
洪水来了早防范。

bié rén shòu kǔ kàn zài yǎn
别人受苦看在眼，

xīn shēng tóng qíng lèi lián lián
心生同情泪涟涟。

cè yǐn zhī xīn rén rén yǒu
恻隐之心人人有，

bù qī ruò xiǎo xīn xiàng shàn
不欺弱小心向善。

cè
测：测量　测验　观测　推测

cè
恻：凄恻　恻然　恻隐之心　缠绵悱恻

弛 驰

扫码听儿歌

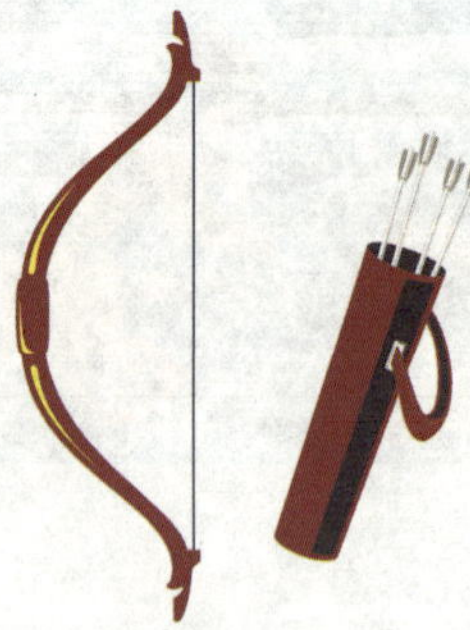

chí hé chí kàn piān páng
“弛”和“驰”，看偏旁：

gōng shàng xián lái jiù shì zhāng
弓上弦来就是“张”，

xiè xián wéi chí hǎo bǎo yǎng
卸弦为“弛”好保养，

zhāng chí yǒu dù yòng de cháng
张弛有度用得长。

chí shì kuài pǎo hé xiàng wǎng
“驰”是快跑和向往，

mǎ ér chí chěng shàng shā chǎng
马儿驰骋上沙场，

lìng rén xīn chí yòu shén wǎng
令人心驰又神往。

chí
弛：松弛　废弛　一张一弛　张弛有度

chí
驰：驰骋　奔驰　心驰神往　背道而驰

侍 待

形近字篇

扫码听儿歌

sì　de hán yì yǒu duō chù
“寺”的含义有多处，

bù tóng piān páng lái jiě dú
不同偏旁来解读：

tíng zài rén páng dú zuò
停在人旁读作“shì”，

shì wèi shì cóng lái shǒu hù
侍卫、**侍**从来守护；

tíng zài lù　biān dú zuò
停在路（彳）边读作“dài”，

yǒu yuē děng dài bié dān wù
有约等**待**别耽误。

shì
侍

侍卫　侍从　侍奉　服侍

dài
待

等待　期待　待遇　待业

钉 订

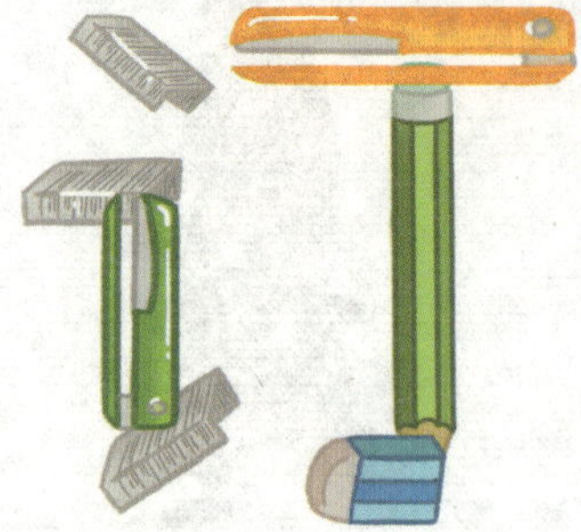

扫码听儿歌

gāng dīng tiě dīng luó sī dīng
钢**钉**、铁**钉**、螺丝**钉**，

néng bǎ dōng xi lái gù dìng
能把东西来固定。

shuō huà suàn huà jiào zuò dìng
说话（讠）算话叫作“**订**”，

dìng dān dìng gòu hé qiān dìng
订单、**订**购和签**订**，

tǔ kǒu tuò mo shì gè dīng
吐口唾沫是个**钉**。

dīng **钉**：钉子　铁钉　图钉　螺丝钉

dìng **钉**：钉牢　钉鞋匠

dìng **订**：订单　订购　订婚　修订

顶 项

形近字篇

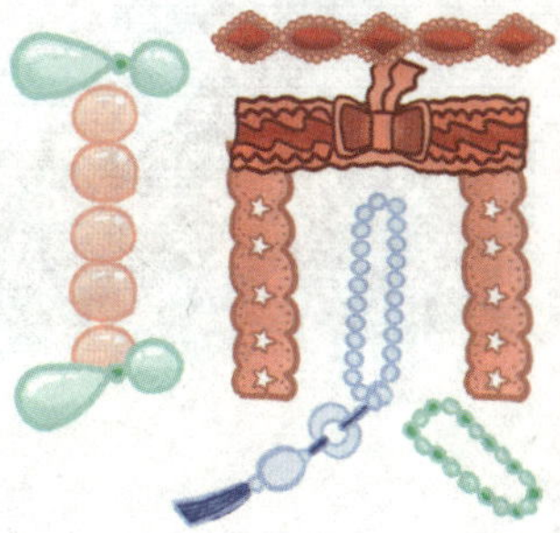

扫码听儿歌

rén zhàn zhí le tóu zài shàng
人站直了头（页）在上，

tóu dǐng jiù shì zuì gāo céng
头顶就是最高层。

tí hú guàn dǐng shēng zhì huì
醍醐灌顶生智慧，

dǐng tiān lì dì shì yīng xióng
顶天立地是英雄。

gōng de yì si shì lián tōng
“工”的意思是连通，

bó zi jiù zài nǎo dai shēn zi zhèng dāng zhōng
脖子就在脑袋、身子正当中。

bó zi hòu miàn jiào zuò xiàng
脖子后面叫作“项”，

bó zi qián miàn jiào zuò jǐng
脖子前面叫作“颈”。

dǐng 顶：头顶　顶梁柱　顶天立地　醍醐灌顶

xiàng 项：颈项　项链　望其项背　十项全能

眈
耽

扫码听儿歌

hǔ shì dān dān kàn de shēn
虎视**眈眈**看得深，

xiǎo dòng wù men huāng le shén
小动物们慌了神，

zhǐ yǒu hú li mī zhe yǎn
只有狐狸眯着眼，

máng qián máng hòu xiàn yīn qín
忙前忙后献殷勤。

dān de yì sī shì chén mí
“**耽**”的意思是沉迷，

chén mí shàng wǎng dǎ yóu xì
沉迷上网打游戏，

dān wù xué xí dān wù shì
耽误学习**耽**误事，

áo huài jiàn kāng huǐ shēn tǐ
熬坏健康毁身体。

dān
眈

虎视眈眈

dān
耽

耽误　耽搁　耽于享乐

冷知识课堂

为什么是上厕所、下厨房？

人们常说“上厕所、下厨房”，为什么不调过来说下厕所、上厨房？难道拉屎撒尿的地方比炒菜做饭的地方要高级？

实际上，这和我国北方四合院的设计有关。在四合院里，厕所一般在北边偏东一点儿的地方，厨房在南边偏东一点儿，人们去厕所是往北走，去厨房是往南走。我国有以北为尊、北上南下的传统，因此就有了上厕所、下厨房的说法。

为什么东西能买，南北不能买？

东西南北都表示方向，为什么东西能买，南北不能买？

这要从我国古代的两个市场说起。古时候，在长安这样的大城市买卖商品，必须在两个指定的市场。一个在城市的东头，叫东市；另一个在城市的西头，叫西市。两个市场的商品种类还不一样，你要是想买多种商品，就得东西两头跑。时间长了，人们就把去东西市场买商品说成了买东西。

仗打输了为什么叫“败北”？

仗打输了，为什么不叫“败东”或“败西”，而偏偏叫“败北”呢？

实际上败北中的“北”和方向没有任何关系，而是用了北字最初的含义“背”。从字形上就能看出来，“北”字像是两个人背靠背的样子，指的就是人的后背。

败北就是把后背朝向敌人，转身逃跑的意思，不管是逃向东、西、南、北哪个方向，都叫败北。

信口雌黄，难道石头也分公母？

信口雌黄中的“黄”指的是一种石头。有雌黄就有雄黄喽，难道石头也分公母？

哎，还真是这样。古人在山上发现了一种石头，山南面的是红色，山北面的是黄色。古人有山南为阳、山北为阴的说法，认为阳面的石头是公的，阴面的石头是母的，于是就把它们分别叫作“雄黄”和“雌黄”。

雄黄能用来制作雄黄酒，雌黄能涂掉写在纸上的错别字，相当于古代的修改液。

惮 殚

扫码听儿歌

dān zì yuán lái zhǐ wǔ qì
“单”字原来指武器，

dǎ liè zuò zhàn yǒu shā qì
打猎作战有杀气。

dòng wù jiàn le xīn fā huāng
动物见了心（忄）发慌，

jì dàn liè rén shēng wèi jù
忌**惮**猎人生畏惧。

liè rén ná dān zhēn mài lì
猎人拿“单”真卖力，

jìng rán lèi sǐ bǎ yǎn bì
竟然累死（歹）把眼闭。

dān jīng jié lǜ shāng shēn tǐ
殚精竭虑伤身体，

liàng lì ér xíng liú yú dì
量力而行留余地。

dàn **惮**：忌惮　惧惮

dān **殚**：殚精竭虑

防 妨

形近字篇

扫码听儿歌

fāng　zhǐ fāng wèi hé lì chǎng
"方"指方位和立场，

dí fāng　wǒ fāng bù yí yàng
敌方、我方不一样。

fáng shǒu lòu dòng bù néng yǒu
防守漏洞不能有，

jiā shàng hù lán　bǎo jiā xiāng
加上护栏（阝）保家乡。

jiā zhōng qī zi　zhěn biān fēng
家中妻子（女）枕边风，

ěr gēn gòu yìng yě wú fáng
耳根够硬也无**妨**。

gǔ rén zào zì dài pián jiàn
古人造字带偏见，

nán nǚ píng děng yòu hé fáng
男女平等又何**妨**。

fáng
防

防守　防护　消防　预防

fáng
妨

妨碍　无妨　不妨　何妨

沽 估

扫码听儿歌

1.2312≈1

gū hé gū dōu yǒu gǔ
“沽”和“估”，都有“古”，

zhè ge gǔ zì dàng zuò gǔ
这个“古”字当作“贾”，

mǎi mai rén yǐ qián jiào shāng gǔ
买卖人以前叫商贾。

mǎi jiǔ jiào gū jiǔ mǎi ròu jiào gū ròu
买酒叫沽酒，买肉叫沽肉，

xiǎng yào mài gè hǎo jià qián
想要卖个好价钱，

nà jiù dài jià ér gū
那就待价而沽。

dōng xi néng zhí duō shao qián
东西能值多少钱？

gū jì gū jì
估计估计，

xīn li hǎo yǒu gè shù
心里好有个数。

gū 沽：沽酒　沽名钓誉　待价而沽

gū 估：估计　估量　估价　评估

归 扫

形近字篇

扫码听儿歌

wài chū guī lái fù mǔ xīn
外出归来父母欣，
shǒu ná sào zhou dǎn huī chén
手拿扫帚掸灰尘。
tiān shàng hū rán xià dà xuě
天上忽然下大雪，
xuě hòu sào zhou bàn wǒ shēn
雪后扫帚伴我身。
hū tīng lǎo mā yì shēng hǒu
忽听老妈一声吼，
hái bù kuài kuài sǎo xuě qù
还不快快扫雪去，
yě ràng wǒ néng shěng diǎnr xīn
也让我能省点儿心。

guī 归：归来　回归　完璧归赵　宾至如归

sǎo 扫：扫地　扫雪　打扫　大扫除

sào 扫：扫帚　扫把

滑 猾

扫码听儿歌

bīng tiān xuě dì bú pà lěng
冰天雪地不怕冷，

xiǎo péng yǒu men lái huá bīng
小朋友们来**滑**冰，

bīng miàn guāng huá zhàn bù wěn
冰面光**滑**站不稳，

shuāi gè pì dūnr bù hǎn téng
摔个屁墩儿不喊疼。

xiǎo gǒu kàn le wāng wāng jiào
小狗（犭）看了汪汪叫，

lù chū jiǎo huá xiǎo yǎn jing
露出狡**猾**小眼睛。

huá
滑

光滑　滑冰　滑雪　油嘴滑舌

huá
猾

狡猾　刁猾　老奸巨猾

晴
睛

扫码听儿歌

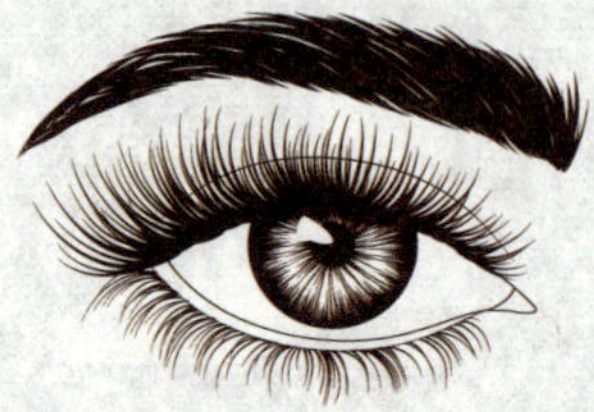

tài yáng chū yún wù sàn
太阳（日）出，云雾散，
tiān qì qíng lǎng yáng guāng càn
天气**晴**朗阳光灿，
liàng yī shài bèi máng de huān
晾衣晒被忙得欢。
zuǒ yǎn zhuàn yòu yǎn zhuàn
左眼（目）转，右眼转，
hǎo fēng hǎo jǐng kàn bu wán
好风好景看不完。
xīn shǎng wàn wù kào yǎn jing
欣赏万物靠眼**睛**，
qíng tiān yáng guāng tài qiáng liè
晴天阳光太强烈，
yáng guāng xià mò kàn shū
阳光下，莫看书，
zhè zhǒng xíng wéi zuì shāng yǎn
这种行为最伤眼。

qíng
晴
晴朗　晴天　晴空万里　雨过天晴

jīng
睛
眼睛　目不转睛　画龙点睛　火眼金睛

胫 径

扫码听儿歌

jìng hé jìng bù xiāng tóng
“胫”和“径”，不相同：

jìng shì xiǎo tuǐ yǒu xuè ròu
“胫”是小腿有血肉（月），

xiǎo háir zì zài bǎ tuǐ dēng
小孩儿自在把腿蹬；

jìng shì xiǎo lù kě tōng xíng
“径”是小路（彳）可通行，

shàng xué lù shang yǒu gē shēng
上学路上有歌声。

jìng 胫：胫骨　不胫而走

jìng 径：小径　径直　曲径通幽　独辟蹊径

形近字篇

腊

蜡

扫码听儿歌

xī shì cóng qián yuè shì ròu
“昔”是从前“月”是肉，

là yuè jì sì chī là ròu
腊月祭祀吃**腊**肉。

là ròu wèi dào yǒu diǎnr xián
腊肉味道有点儿咸，

là bā hē wǎn là bā zhōu
腊八喝碗**腊**八粥。

là méi kāi zài là yuè lǐ
蜡梅开在**腊**月里，

xiǎo péng yǒu men ná là bǐ
小朋友们拿**蜡**笔。

diǎn shàng là zhú huà shén me
点上**蜡**烛画什么？

huà le yì zhī dà gōng jī
画了一只大公鸡。

là
腊

腊月　腊肉　腊肠　腊八粥

là
蜡

蜡烛　蜡笔　蜡梅　味同嚼蜡

料
科

扫码听儿歌

liào hé kē shuō yi shuō
“料”和“科”，说一说：

hé zhǐ zhuāng jia zhǒng lèi duō
“禾”指庄稼种类多，

mài zi shuǐ dào hé dà dòu
麦子、水稻和大豆，

wǔ gǔ zá liáng yě fēn kē
五谷杂粮也分科。

mǐ zhǐ liáng shi yòng dǒu liáng
“米”指粮食用斗量，

liào de yì si shì chēng liáng
“料”的意思是称量，

shōu cheng duō shǎo kě yù liào
收成多少可预料。

liào
料

料想 预料 材料 出乎意料

kē
科

分科 科学 科技 科研

告别错别字

形近字篇

伦 论

扫码听儿歌

rén lún jiù shì pái bèi fen
人伦就是排辈分，

yé ye bà ba hé zì jǐ
爷爷、爸爸和自己，

zǔ sūn sān dài xiǎng tiān lún
祖孙三代享天伦。

yì rén jiē zhe yì rén shuō
一人接着一人说（讠），

yì lùn biàn lùn hé tǎo lùn
议论、辩论和讨论，

lún yǔ chū zì kǒng shèng rén
《论语》出自孔圣人。

lún 伦：人伦 — 天伦 — 伦理 — 语无伦次

lún 论：论语

lùn 论：议论 — 辩论 — 谈论 — 论功行赏

jiǎo huá

狡猾

狡猾：意思是阴险奸诈、诡计多端。

例句：罪犯再狡猾，也逃不过法律的制裁。

huá

如果你错写成了**狡滑**……

"猾"字左边是个"犭"，表示像动物一样狡猾；"滑"字左边是个"氵"，表示地上有水，站不稳的"滑"。"狡猾"不能写成"狡滑"。

lù ròu

腊肉

腊肉：是一种经过盐腌晒干或浸泡腌制，再加烟熏的肉。

例句：奶奶做的腊肉最好吃了。

lù

如果你错写成了**蜡**肉……

"蜡"指动物、植物所产生的或矿物所含的油质，可以做蜡烛；"腊"指古代农历十二月合祭众神的祭祀，与此相关的事物也可冠以"腊"字，如腊月、腊肉、腊八粥等。

脑 恼

扫码听儿歌

nǎo hé nǎo bǐ yi bǐ
“脑”和“恼”，比一比：

yuè shì ròu lái zhǐ shēn tǐ
“月”是肉来指身体，

hǔ tóu hǔ nǎo zhēn yǒu qù
虎头虎脑真有趣，

dà nǎo zhǎng zài nǎo dai li
大脑长在脑袋里。

xīn zhǐ xīn qíng nǐ bié jí
“忄”指心情你别急，

fán nǎo kǔ nǎo suí fēng qù
烦恼、苦恼随风去，

nǎo xiū chéng nù huài pí qi
恼羞成怒坏脾气。

nǎo 脑：脑袋　大脑　脑筋　虎头虎脑

nǎo 恼：恼怒　苦恼　烦恼　恼羞成怒

坡 波

扫码听儿歌

xiǎo hái pí pí péng you duō
小孩儿“皮皮”朋友多，

jiā tǔ shì pō jiā shuǐ bō
加“土”是“**坡**”加“氵”“**波**”。

pō lù bù píng shān liǎng cè
坡路不平山两侧，

shàng pō guò hòu shì xià pō
上**坡**过后是下**坡**。

bō cóng shuǐ miàn fēng chuī qǐ
波从水面风吹起，

yì bō guò hòu yòu yì bō
一**波**过后又一**波**。

pō **坡**：山坡　斜坡　上坡　下坡

bō **波**：波纹　波浪　风波　波澜壮阔

沙 砂

扫码听儿歌

tiān rán shā rén gōng shā
天然“沙”，人工“砂”。

shuǐ biān jiù shì shā zi jiā
水边就是沙子家，

shā tān shā chǎng lián shā mò
沙滩、沙场连沙漠，

shā chén suí zhe dà fēng guā
沙尘随着大风刮。

dà shí mó suì biàn chéng shā
大石磨碎变成“砂”，

zhū shā tiě shā jīn gāng shā
朱砂、铁砂、金刚砂，

shā guō lǐ miàn zhǔ dòu shā
砂锅里面煮豆沙。

shā 沙

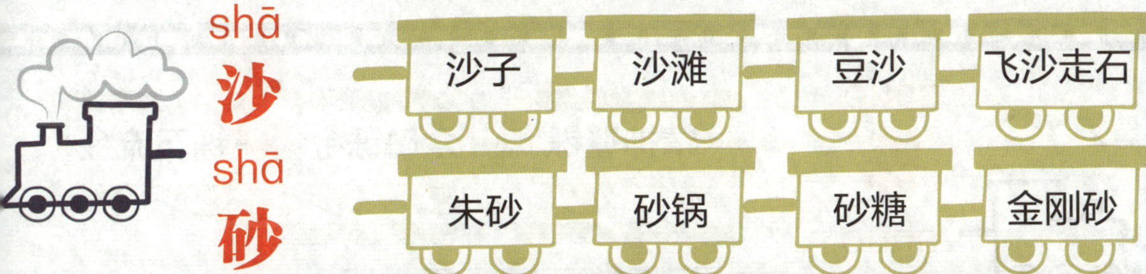

shā 砂

铄 烁

扫码听儿歌

shuò de yì si shì róng huà
"铄"的意思是熔化，

jīn shǔ róng huà néng liàng dà
金属（钅）熔化能量大。

fēng yán fēng yǔ néng shāng rén
风言风语能伤人，

zhòng kǒu shuò jīn shuí bú pà
众口铄金谁不怕？

shuò de yì si shì guāng liàng
"烁"的意思是光亮，

yǒu huǒ zì rán jiù yǒu guāng
有"火"自然就有光。

shǎn shuò qí cí yào bu de
闪烁其词要不得，

zhèn gǔ shuò jīn měi míng yáng
震古烁今美名扬。

shuò 铄：精神矍铄、众口铄金、铄石流金

shuò 烁：闪烁其词、震古烁今

祥 详

形 近 字 篇

扫码听儿歌

xiǎo yáng miē miē zuì shàn liáng
小羊咩咩最善良，

jì sì zǔ xiān qiú jí xiáng
祭祀（礻）祖先求吉**祥**，

zǔ xiān chuán huà shuō le shá
祖先传话说（讠）了啥？

xì jié fēn míng jiào zuò xiáng
细节分明叫作“**详**”。

duān xiang jiù shì xì dǎ liang
端**详**就是细打量，

jì xià xì jié xiang xì jiǎng
记下细节**详**细讲。

xiáng **祥**：吉祥　慈祥　祥和　龙凤呈祥

xiáng **详**：详细　端详　安详　耳熟能详

消 销

扫码听儿歌

xiāo hé xiāo dōu niàn
“销”和“消”，都念“xiāo”，

jiǎn sǔn de chéng dù xiāo gèng gāo
减损的程度“销”更高。

chá fàn bù sī rén xiāo shòu
茶饭不思人消瘦，

děng dào xiāo hún rén wán liǎo
等到销魂人完了。

bié bǎ xiāo huà xiě xiāo huà
别把“消化”写“销化”，

bié bǎ kāi xiāo xiě kāi xiāo
别把“开销”写“开消”。

xiāo
消：消失　消灭　消化　消息

xiāo
销：销毁　开销　一笔勾销　销声匿迹

诩 栩

形近字篇

扫码听儿歌

xǔ hé xǔ dōu yǒu yǔ
"诩"和"栩"，都有"羽"，

yǔ máo péng sōng hǎo shén qì
羽毛蓬松好神气。

zì xǔ jiù shì shuō dà huà
自诩就是说大话，

biàn zhe fǎr kuā zì jǐ
变着法儿夸自己。

huà rén wù huà huā niǎo
画人物，画花鸟，

fà sī yǔ máo huà de xì
发丝、羽毛画得细，

xǔ xǔ rú shēng liǎo bu qǐ
栩栩如生了不起。

xǔ 诩

xǔ 栩

仰 抑

扫码听儿歌

yǎng tóu kàn ǒu xiàng
仰头看偶像（亻），

xīn shēng chóng bài yǎn fàng guāng
心生崇拜眼放光。

xiǎng yào hé zhāng yǐng jǐ dào tā shēn páng
想要合张影，挤到他身旁，

yì zhī dà shǒu bǎ wǒ àn
一只大手（扌）把我按，

yǎng miàn tái tóu xiàng shàng kàn
仰面抬头向上看，

gāo gè bǎo ān zhàn shēn biān
高个保安站身边。

tā qǐng wǒ duō yì zhì
他请我多抑制，

mò wǎng ǒu xiàng shēn biān chuǎng
莫往偶像身边闯。

yǎng
仰

仰望　敬仰　人仰马翻　前俯后仰

yì
抑

抑制　压抑　抑扬顿挫　欲扬先抑

俑 踊

形近字篇

报名处

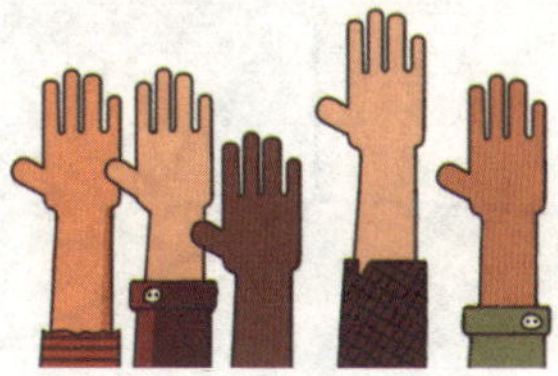

yǒng shì gǔ dài suí zàng pǐn
"俑"是古代随葬品，

rén mǎ chē liàng hǎo duō zhǒng
人、马、车辆好多种，

bīng mǎ yǒng zài shǎn xī qín huáng líng
兵马俑在陕西秦皇陵。

yǒng shì yòng lì wǎng shàng tiào
"踊"是用力往上跳，

wèi guó zhēng guāng gèng fèn yǒng
为国争光更奋勇。

yǒng yuè bào míng yào lì gōng
踊跃报名要立功。

扫码听儿歌

隅
偶

扫码听儿歌

2、4、6

yú de yì si shì qiáng jiǎo
“隅”的意思是墙（阝）角，

qiáng jiǎo jiān gù chéng yī kào
墙角坚固成依靠。

shāng xīn duì zhe qiáng jiǎo kū
伤心对着墙角哭，

wēi nàn bèi zhe qiáng jiǎo kào
危难背着墙角靠。

qiáng jiǎo lián zhe liǎng miàn qiáng
墙角连着两面墙，

pèi ǒu xīn láng hé xīn niáng
配偶（亻）新郎和新娘。

jī shù ǒu shù chéng dān shuāng
奇数、偶数成单双，

shī jù duì ǒu huí wèi cháng
诗句对偶回味长。

yú
隅

向隅而泣　负隅顽抗　失之东隅

ǒu
偶

偶数　配偶　对偶　无独有偶

鸩 鸠

扫码听儿歌

zhèn jiū liǎng zì yǒu diǎnr xiàng
"鸩""鸠"两字有点儿像，

dōu shì niǎor bù yí yàng
都是鸟儿不一样。

zhèn de yǔ máo yǒu jù dú
鸩的羽毛有剧毒，

yǐn zhèn zhǐ kě tài huāng táng
饮鸩止渴太荒唐。

jiū niǎo lǎn duò bù lěi wō
鸠鸟懒惰不垒窝，

què cháo bèi tā diàn jì shang
鹊巢被它惦记上。

zhèn 鸩：鸩毒　鸩酒　饮鸩止渴

jiū 鸠：斑鸠　雎鸠　鸠占鹊巢

拙 绌

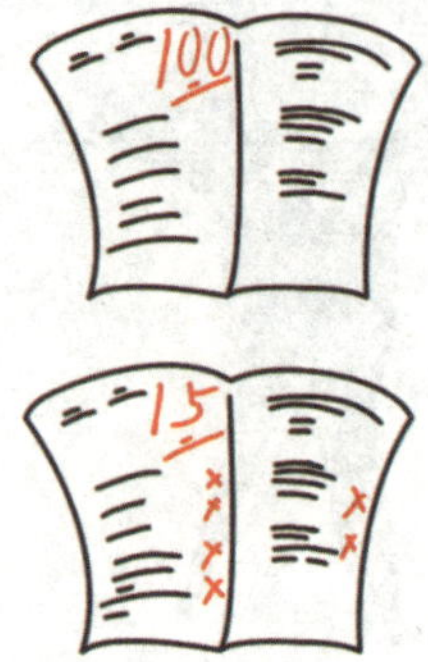

扫码听儿歌

zhuō hé chù dōu yǒu chū
“拙”和“绌”，都有“出”，
ná chū zhī hòu shèng bù zú
拿出之后剩不足。
shǒu ruò bù zú jiù shì bèn
手（扌）若不足就是笨，
qín néng bǔ zhuō yào jì zhù
勤能补拙要记住。
sī mián shí wù ruò bù zú
丝（纟）棉实物若不足，
zuǒ zhī yòu chù rén nán zhù
左支右绌人难住。

zhuō
拙：笨拙　守拙　勤能补拙　弄巧成拙

chù
绌：相形见绌　左支右绌

脏 赃

形近字篇

扫码听儿歌

zāng hé zāng xiān kàn zhuāng
"脏"和"赃"，先看"庄"，

zhuāng zì yuán běn xiě zuò cáng
"庄"字原本写作"藏"。

xīn gān pí fèi shèn
心、肝、脾、肺、肾，

wǔ zàng dōu zài shēn li cáng
五脏都在身里藏。

zāng shì shuō qián jiàn bu dé guāng
"赃"是说钱见不得光，

tān wū tōu dào de cái wù
贪污、偷盗的财物，

zěn gǎn huā zài míng miàn shàng
怎敢花在明面上。

zāng 脏：脏乱　脏话　弄脏　肮脏

zàng 脏：内脏　心脏　肝脏　五脏六腑

zāng 赃：赃款　销赃　贪赃枉法　坐地分赃

燥 躁

形近字篇

扫码听儿歌

shù shang xiǎo niǎo zhā zhā jiào
树（木）上小鸟喳喳叫。

chǎo de xīn li luàn zāo zāo
吵得心里乱糟糟。

lái huí zhuàn quān duò jiǎo zǒu
来回转圈跺脚走，

zào dòng fán zào quán kàn jiǎo
躁动、烦**躁**全看脚（足）。

zào zì yǒu huǒ wēn dù gāo
“**燥**”字有“火”温度高，

zào rè gān zào hé kū zào
燥热、干**燥**和枯**燥**。

zào
燥

燥热　干燥　枯燥　口干舌燥

zào
躁

急躁　烦躁　躁动　戒骄戒躁

苦恼

kǔ nǎo

苦恼：常常用来表示痛苦烦恼。
例句：猪小戒心胸宽广，从不会因为小事儿而苦恼。

如果你错写成了苦脑（nǎo）……

“恼”字左边是个“忄”，代表心情、情绪；“脑”字左边是个“月”，古时候“月”和“肉”字通用，所以“月”字旁代表人体器官，这里指人或动物的脑袋。

shā tān

沙滩

沙滩： 由于沙子堆积形成的沿水边的陆地，或水中高出水面的平地。

例句： 大家踩在软绵绵的沙滩上玩。

如果你错写成了砂(shā)滩……

“沙”字左边是个“氵”，表示河边、海边常见的沙子；
“砂”字左边是个“石”，表示大块石头粉碎成的砂石。
“沙滩”不能写成“砂滩”。

鳌 螯

形近字篇

扫码听儿歌

áo hé áo bù yí yàng
"鳌"和"螯"，不一样，

yú chóng běn shì fēn liǎng shǔ
"鱼""虫"本是分两属。

áo shì shén guī shǔ yú zhǒng
"鳌"是神龟属鱼种，

áo tóu zhàn zhe zhuàng yuán láng
鳌头站着状元郎。

páng xiè shǔ chóng wèi dào xiāng
螃蟹属虫味道香，

qián zi jiào áo
钳子叫"螯"，

xiǎo xīn jiā zài shǒu zhǐ shang
小心夹在手指上。

áo 鳌：鳌山　鳌头　独占鳌头

áo 螯：蟹螯　海螯　螯肢

璧
壁

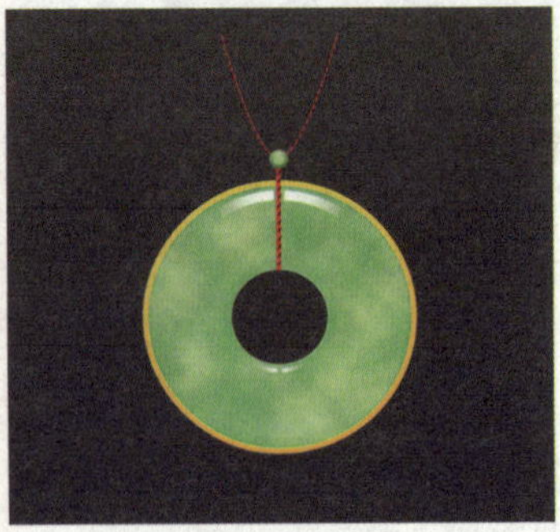

扫码听儿歌

bì shì měi yù yù zì dǐ
“璧”是美玉“玉”字底，

jià zhí lián chéng hé shì bì
价值连城和氏璧，

wán bì guī zhào xiě chuán qí
完璧归赵写传奇。

tǔ zì dǐ de jiào qiáng bì
“土”字底的叫墙“壁”，

jiā jiā dōu yǒu bù xī qí
家家都有不稀奇。

gěi rén zhē fēng yòu dǎng yǔ
给人遮风又挡雨，

lǐ miàn zhù zhe wǒ hé nǐ
里面住着我和你。

bì
璧

和氏璧　完璧归赵　白璧微瑕

bì
壁

墙壁　影壁　飞檐走壁　家徒四壁

茶 荼

形近字篇

扫码听儿歌

chá hé tú chà yì bǐ
"茶"和"荼"，差一笔，

zhè diǎn nǐ kě yào zhù yì
这点你可要注意。

chá néng jiě kě hé dài kè
茶能解渴和待客，

rì cháng shēng huó bù néng lí
日常生活不能离。

ruò bǎ chá zì xiě chéng tú
若把"茶"字写成"荼"，

tú zhǐ kǔ cài wèi dào kǔ
"荼"指苦菜味道苦，

bǎ tú dāng chá tài lí pǔ
把荼当茶太离谱。

chá
茶

茶叶　喝茶　茶壶　茶杯

tú
荼

荼毒　荼蘼　神荼　如火如荼

菜 莱

形近字篇

扫码听儿歌

“菜”(cài)字(zì)下(xià)面(miàn)是(shì)个(gè)“采”(cǎi)，
采(cǎi)花(huā)、采(cǎi)果(guǒ)、采(cǎi)野(yě)菜(cài)。
菜(cài)园(yuán)里(lǐ)面(miàn)种(zhòng)蔬(shū)菜(cài)，
既(jì)有(yǒu)白(bái)菜(cài)和(hé)菠(bō)菜(cài)，
还(hái)有(yǒu)很(hěn)多(duō)大(dà)头(tóu)菜(cài)……
“莱”(lái)字(zì)下(xià)面(miàn)是(shì)个(gè)“来”(lái)，
别(bié)把(bǎ)“来”(lái)字(zì)写(xiě)成(chéng)“采”(cǎi)。

cài 菜：蔬菜　菠菜　野菜　黄花菜

lái 莱：莱芜　蓬莱　莱菔　老莱娱亲

亳 毫

扫码听儿歌

máo jiān xì cháng jiào zuò háo
毛尖细长叫作“毫”，

sī háo fēn háo shì jí shǎo
丝毫、分毫是极少。

shōu jí háo máo zào máo bǐ
收集毫毛造毛笔，

tù háo yáng háo hé láng háo
兔毫、羊毫和狼毫。

háo zì ruò bèi bá gēn máo
“毫”字若被拔根“毛”，

biàn chéng bó zì kě bù xiǎo
变成“亳”字可不小。

bó zhōu jiù zài ān huī shěng
亳州就在安徽省，

sān guó shí qī jiào zuò qiáo
三国时期叫作“谯”。

háo
毫：毫毛　丝毫　狼毫　明察秋毫

bó
亳：亳州

栗 粟

扫码听儿歌

lì zi zhǎng zài lì shù shang
栗子长在栗树（木）上，

shǔ yú jiān guǒ kě dàng liáng
属于坚果可当粮，

táng chǎo lì zi tè bié xiāng
糖炒栗子特别香。

sù zhǐ gǔ zi shì shí liáng
粟指谷子是食粮（米），

qù pí zhī hòu jiào xiǎo mǐ
去皮之后叫小米，

áo zhōu zhǔ fàn yǒu yíng yǎng
熬粥煮饭有营养。

lì 栗：栗子　板栗　战栗　火中取栗

sù 粟：粟米　粟子　沧海一粟　不食周粟

zāng kuǎn

赃款

赃款：贪污、受贿、盗窃等非法获取的钱。

例句：这个贪官被抓住后，退回了贪污的赃款。

如果你错写成了脏（zāng）款……

“脏”指不干净，有尘土、汗渍、污垢等，如肮脏；而“赃”单独使用时泛指“赃物”，是指通过贪污、受贿或盗窃等不正当手段获得的财物，与干净不干净没关系。

qiáng bì
墙壁

墙壁：指院子或房屋的四围。多以砖石等砌成，垂直于地面。
例句：他们给墙壁贴上了好看的墙纸。

如果你错写成了墙璧(bì)……

“壁”字一般指墙壁，和土石有关。而“璧”则指玉石，圆形中间有孔的玉，如和氏璧等。

梁
形近字篇
粱

扫码听儿歌

liáng xià mù kuà hé shang
"梁"下"木"，跨河上，

jiàn chéng qiáo liáng tōng sì fāng
建成桥梁通四方，

rén lèi chū xíng gèng tōng chàng
人类出行更通畅。

liáng xià mǐ zhǔ fàn xiāng
"粱"下"米"，煮饭香，

yí wàng wú jì qīng shā zhàng
一望无际青纱帐，

gāo liang rù cāng niàng jiǔ máng
高粱入仓酿酒忙。

liáng 梁：桥梁　栋梁　悬梁刺股　绕梁三日

liáng 粱：高粱　膏粱　稻粱谋　黄粱一梦

忘 妄

扫码听儿歌

wáng de yì si yǒu táo wáng
“亡”的意思有逃亡，

shì qing méi yǒu guà xīn shang
事情没有挂心上，

guò hòu jiù huì róng yì wàng
过后就会容易**忘**。

wáng zì jiā nǚ shá yì si
“亡”字加“女”啥意思？

nán dào shì nǚ hái lí jiā zǒu sì fāng
难道是女孩离家走四方？

bù hé guī ju jiù shì luàn
不合规矩就是乱，

hú luàn de xiǎng fǎ shì wàng xiǎng
胡乱的想法是**妄**想。

wàng
忘

忘记 难忘 念念不忘 得意忘形

wàng
妄

妄想 狂妄 胆大妄为 无妄之灾

盲 肓

形近字篇

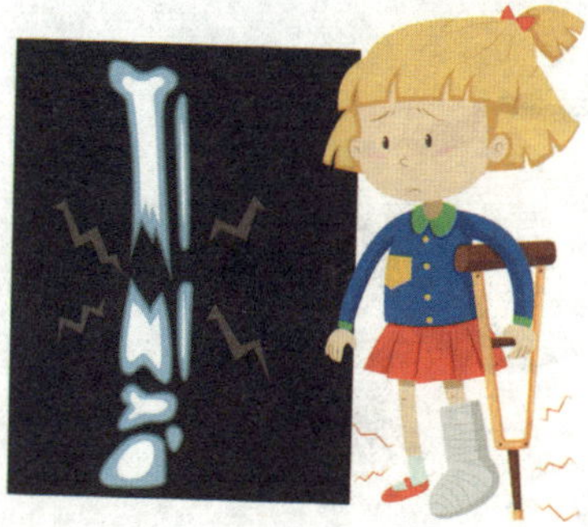

扫码听儿歌

失去（亡）视力（目）就是盲，
目的不清是盲目，
不识文字是文盲。
"肓"字下面是个"月"，
和"目"可是不一样，
"膏肓"不要写"膏盲"。

máng 盲：盲人 盲目 文盲 盲人摸象

huāng 肓：病入膏肓

鹜
骛

扫码听儿歌

wù hé wù kàn qīng chu
"鹜"和"骛"，看清楚：

yì zhī yě yā tiān shàng fēi
一只野鸭（鸟）天上飞，

luò xiá gū wù qiū shuǐ cháng tiān hǎo qù chù
落霞孤鹜，秋水长天好去处。

yì pǐ mǎ ér dì shang pǎo
一匹马儿地上跑，

xīn wú páng wù yào bǎ mù biāo lái zhuī zhú
心无旁骛，要把目标来追逐。

wù
鹜

孤鹜　雁鹜　趋之若鹜

wù
骛

驰骛　心无旁骛　好高骛远

竞 竟

形近字篇

扫码听儿歌

jìng　shì jié shù jìng shì sài
"竟"是结束竟是赛，

xiǎo huǒ bàn men zhàn yì pái
小伙伴们站一排，

dà jiā yì qǐ lái bǐ sài
大家一起来比赛。

xiǎo huá tuǐ duǎn gè zi ǎi
小华腿短个子矮，

jìng sài kěn dìng pǎo bu kuài
竞赛肯定跑不快。

jié guǒ jìng rán hěn yì wài
结果竟然很意外，

xiǎo huá dì yī ná jiǎng pái
小华第一拿奖牌，

gāo jǔ zài shǒu lè kāi huái
高举在手乐开怀。

jìng 竞：竞赛　竞争　竞选　物竞天择

jìng 竟：竟然　究竟　毕竟　穷原竟委

翁
瓮

扫码听儿歌

yí wèi lǎo bó bo
一位老伯伯，

hú zi luàn péng péng
胡子乱蓬蓬，

xiàng shì yǔ máo zhān liǎn shang
像是羽毛沾脸上，

rén men guǎn tā jiào lǎo wēng
人们管他叫老**翁**。

yí gè wǎ guàn zi
一个瓦罐子，

dù dà kǒu xiǎo jiào zuò wèng
肚大口小叫作“**瓮**”。

rén zài wèng zhōng shuō jù huà
人在**瓮**中说句话，

wèng shēng wèng qì ěr zhōng míng
瓮声**瓮**气耳中鸣。

wēng
翁

老翁　仙翁　卖炭翁　渔翁得利

wèng
瓮

水瓮　瓮声瓮气　瓮中捉鳖　请君入瓮

孝 考

扫码听儿歌

hái zi nào, lǎo rén xiào,
孩子闹，老（耂）人笑，

hái zi péi bàn lái jìn xiào,
孩子陪伴来尽孝，

xiào jìng fù mǔ rén zhī dào。
孝敬父母人之道。

lǎo rén zhǔ guǎi bǎ hái zi "kǎo",
老人拄拐（丂）把孩子“考”，

hái zi xīn huāng bù zhī dào,
孩子心慌不知道，

máng shuō bié jí nǐ bié jí,
忙说别急你别急，

ràng wǒ sī kǎo zài sī kǎo。
让我思考再思考。

xiào 孝：孝顺　孝道　孝敬　父慈子孝

kǎo 考：思考　考虑　考试　如丧考妣

告别错别字 形近字篇

营

菅

扫码听儿歌

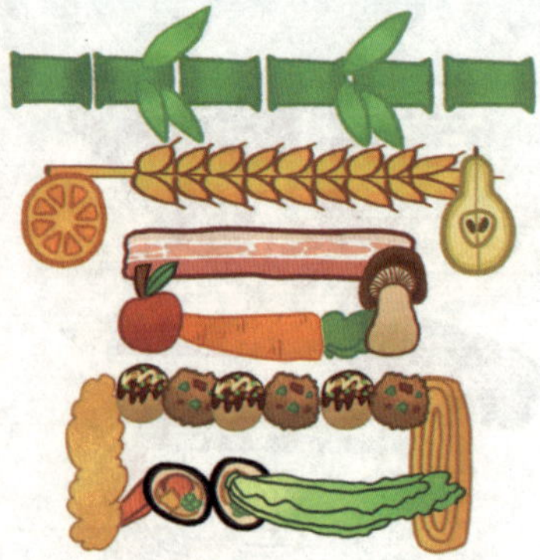

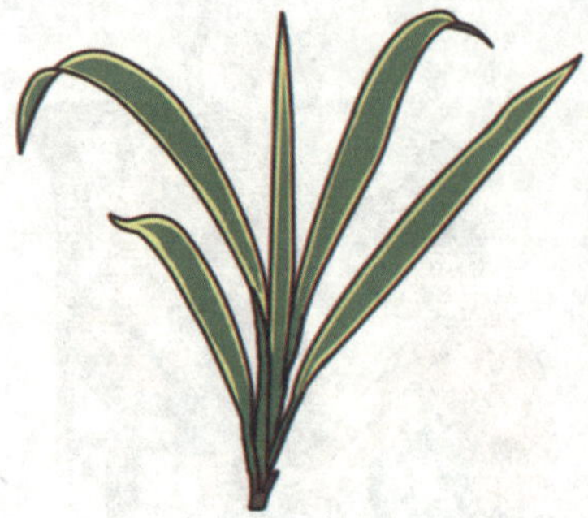

yíng zì zuì chū zhǐ jūn yíng
“营”字最初指军营，

xià miàn liǎng gè kǒu
下面两个“口”，

xiàng shì shuì jiào de xiǎo zhàng peng
像是睡觉的小帐篷。

jiān zì shì zhǐ yì zhǒng cǎo
“菅”字是指一种草，

nǐ bǎ rén mìng dàng yě cǎo
你把人命当野草，

cǎo jiān rén mìng chéng fá dào
“草菅人命”惩罚到。

yíng 营：军营　营长　经营　安营扎寨

jiān 菅：草菅人命

gāo liang
高粱

高粱：是一种粮食作物。
例句：奶奶家门口有一大片高粱地。

如果你错写成了高梁（liáng）……

“梁”字是木字旁，一般和木头有关，如房梁、桥梁，或指突出隆起的东西，如鼻梁、山梁；而“粱”字是米字旁，多指高粱或良好的谷物，精美的主食。

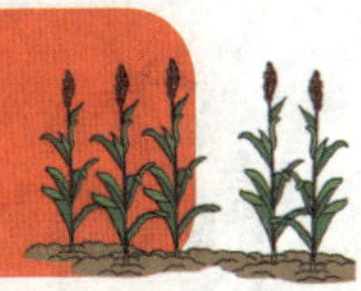

wàng xiǎng

妄想

妄想： 一种不理性、与现实不符且不可能实现但坚信的错误信念。

例句： 不要妄想没有努力就能取得好成绩。

wàng

如果你错写成了忘想……

“妄”的本义是狂乱的意思，后来也引申为荒诞、胡乱的意思；而“忘”的意思是忘记、不记得。

巢 窠

扫码听儿歌

cháo xiàng shù shang dā gè wō
"巢"像树(木)上搭个窝,

niǎo zài cháo li zuì kuài huo
鸟在巢里最快活。

kē zì shàng miàn yǒu gè xué
"窠"字上面有个"穴",

yě shòu zài dòng xué li bǎ rì zi guò
野兽在洞穴里把日子过。

shù shang shì cháo dì shang kē
树上是"巢"地上"窠",

tā liǎ de yì si dōu shì wō
它俩的意思都是窝。

cháo 巢

kē 窠

巢穴 筑巢 倾巢而出 鸠占鹊巢

窠巢 狗窠 不落窠臼

形近字篇

贷 货

扫码听儿歌

dài de yì si shì gēng tì
“代”的意思是更替，

qián jiè jìn lai qián jiè chu qu
钱（贝）借进来，钱借出去，

qián zài bù tóng rén de shǒu li dài
钱在不同人的手里（**贷**）。

huà de yì si shì zhuǎn huà
“化”的意思是转化，

bǎ qián zhuǎn huà chu qu
把钱（贝）转化出去，

jiù shì huā qián mǎi dōng xi huò
就是花钱买东西（**货**）。

dài **贷**：贷款　信贷　责无旁贷　严惩不贷

huò **货**：货物　百货　年货　货真价实

藉 籍

形近字篇

jí de yì si zhǐ gōng tián
“**藉**”的意思指公田，

dì shang zhǎng cǎo mín chū lì
地上长草（艹）民出力。

gēng dì de nóng hù yǒu duō shao
耕地的农户有多少？

hù hù dōu yào zuò dēng jì
户户都要作登记，

zhú jiǎn shàng miàn xiě míng zi
竹简（⺮）上面写名字，

dēng jì zài cè chéng hù jí
登记在册成“户**籍**”。

扫码听儿歌

jí **藉**：藉田　声名狼藉

jiè **藉**：蕴藉　慰藉　枕藉

jí **籍**：户籍　国籍　书籍　典籍

灸
炙

扫码听儿歌

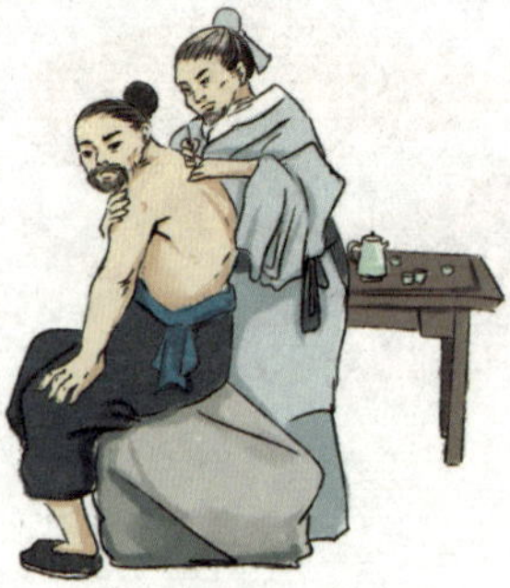

"灸"是火烤时间久，
中医疗法叫作"灸"，
艾草熏烤叫"艾灸"。
"炙"是火上有块肉（月），
指烧烤也指烤肉，
"脍炙人口"人人爱。

jiǔ 灸：针灸　艾灸　灸草

zhì 炙：脍炙人口　残羹冷炙　炙手可热

怒 恕

扫码听儿歌

nú cai ái mà xīn li kǔ
奴才挨骂心里苦，

yǒu qì bù gǎn wǎng wài chū
有气不敢往外出。

biē qì bù sā jiù shì nù
憋气不撒就是“怒”，

sā chu lai le shì fā nù
撒出来了是“发怒”。

shù zì rú xīn jì qīng chu
“恕”字“如”“心”记清楚，

jiāng xīn bǐ xīn jiù shì shù
将心比心就是“恕”。

kuān shù zhōng shù hé ráo shù
宽恕、忠恕和饶恕，

kuān hóng dà liàng yǒu qì dù
宽宏大量有气度。

nù
怒：怒火　发怒　恼羞成怒　勃然大怒

shù
恕：恕罪　宽恕　饶恕　恕不奉陪

盘 盆

盆子

扫码听儿歌

pán zi qiǎn, pén zi shēn,
盘子浅，盆子深，

shēn qiǎn bù tóng hǎo qū fēn。
深浅不同好区分。

pán zi chéng cài duān zhuō shang,
盘子盛菜端桌上，

liǎn pén chéng shuǐ xǐ huī chén。
脸盆盛水洗灰尘。

pán zi、pén zi jiā jiā yǒu,
盘子、盆子家家有，

bié bǎ cān pán dàng huā pén。
别把餐盘当花盆。

pán 盘：盘子　盘旋　棋盘　和盘托出

pén 盆：盆子　脸盆　花盆　大雨倾盆

蓬
形近字篇
篷

扫码听儿歌

péng　shì yì zhǒng cǎo
"蓬"是一种草（艹），

nǐ kě yào jì láo
你可要记牢。

péng hāo bié míng jiào tóng hāo
蓬蒿别名叫茼蒿，

cài shì chǎng li néng mǎi dào
菜市场里能买到。

kāi dòng dà péng chē
开动大篷车，

jiāo wài pǎo yi pǎo
郊外跑一跑。

zhǎo lái zhú zi　dā zhàng peng
找来竹子（⺮）搭帐篷，

zuān jìn zhàng peng shuì dà jiào
钻进帐篷睡大觉。

péng
蓬

蓬蒿　蓬松　蓬荜生辉　朝气蓬勃

péng
篷

篷子　帐篷　车篷　大篷车

思 恩

扫码听儿歌

sī shì xīn shang yǒu kuài tián
“**思**”是“心”上有块“田”，

sī kǎo sī xiǎng hé sī niàn
思考、**思**想和**思**念，

niàn niàn bú wàng zài xīn tián
念念不忘在心田。

ēn shì xīn shang yǒu gè yīn
“**恩**”是“心”上有个“因”，

shòu rén bāng zhù cháng gǎn ēn
受人帮助常感**恩**，

cháng bǎ ēn qíng jì zài xīn
常把**恩**情记在心。

sī
思

思念　相思　思考　思想

ēn
恩

恩人　恩情　感恩　恩重如山

贪 贫

形近字篇

扫码听儿歌

“贪”字上面看作“含”，
把钱（贝）含在嘴里面。
舍不得吐也舍不得咽，
一直含着才心甘。
“贫”字上面是个“分”，
钱财（贝）能聚也能分。
越聚越多越富有，
越分越少越贫困。

tān 贪：贪心　贪婪　贪玩　贪得无厌

pín 贫：贫穷　贫困　清贫　一贫如洗

誉

誊

扫码听儿歌

yù shàng shì gè xīng
“誉”上是个“兴”，

yì si shì liú xíng
意思是流行。

zàn yáng zhī yán yì liú xíng
赞扬之言一流行，

nà jiù yǒu le hǎo míng shēng
那就有了好名声。

téng de yì si shì chāo xiě
“誊”的意思是抄写，

chāo kè wén chāo zì tiè
抄课文，抄字帖，

yì bǐ yí huà rèn zhēn xiě
一笔一画认真写。

yù
誉

荣誉　赞誉　名誉　毁誉参半

téng
誊

誊写　誊录　誊清　誊抄

要 耍

扫码听儿歌

yào zì shàng miàn shì gè xī
“**要**”字上面是个“西”，

nǚ hái yāo gǔ dǎ de jí
女孩腰鼓打得急，

dōng dōng dōng dōng zuò yóu xì
咚咚咚咚做游戏。

shuǎ zì shàng miàn shì gè ér
“**耍**”字上面是个“而”，

nǚ hái shēn shǒu jiū hú xū
女孩伸手揪胡须，

téng de yé ye gān zháo jí
疼得爷爷干着急。

yào **要**：需要　要紧　重要　要领

shuǎ **耍**：玩耍　杂耍　耍赖　耍滑头

蜇
蛰

扫码听儿歌

zhē zì shàng miàn shì gè zhé
"蜇"字上面是个"折"，

shǒu lūn fǔ zi xiàng xià kē
手抡斧子（斤）向下磕。

dú chóng dīng cì jiù shì zhē
毒虫叮刺就是"蜇"，

qiān wàn bié tǒng mǎ fēng wō
千万别捅马蜂窝。

zhé zì shàng miàn shì gè zhí
"蛰"字上面是个"执"，

zhuō zhù bú dòng shì tíng zhǐ
捉住（执）不动是停止。

zhé de yì si shì dōng mián
"蛰"的意思是冬眠，

dú chóng bú dòng yě bù chī
毒虫不动也不吃。

zhē 蜇：蜇人　蜇螫

zhé 蛰：蛰伏　蛰居　惊蛰

冷知识课堂

才高八斗里的“八斗”是多少？

苹果按斤称，饮料按杯算，才华要怎么量？

谢灵运曾说，如果天下的才华有一石（dàn）的话，曹植一个人就占八斗。乖乖，一个人就得了全天下 80% 的才华，果然是大才子。

石和斗是中国古代的容量单位，一石等于十斗，一斗等于十升，八斗就是八十升，要比四桶水还要多。

五体投地中的“五体”指什么？

五体投地，一个人难道还有五个身体吗？那不成怪物了？

实际上，古人说的“身”和“体”是两回事。体指人身上的分支，包括双手、双脚和头部，总共五个部分，所以叫五体。去掉这些剩下的部分就是身。

五体投地指两手、两膝和头一起着地，是一种十分恭敬的行礼仪式。

冷知识课堂

衣冠禽兽最开始竟然是在夸人

现在说别人是衣冠禽兽肯定得被收拾一顿，如果是在明朝，你这样说，对方听后一定乐得脸上笑开花。

为什么会这样呢？

原来明朝文官的官服上绣着禽鸟，武官的官服上绣着猛兽，当时说人是衣冠禽兽，相当于夸他是朝廷的官员。

到了后来，随着“衣冠禽兽”们贪污腐败，这个成语也跟着变了味儿，成了一个贬义词。

愚不可及最初并不是说人笨

愚不可及是夸人的话？这个词不是形容一个人笨吗？谁说它能夸奖人了。

当然是至圣先师孔夫子说的。

孔子曾评价一个人，说他在混乱的时候就假装糊涂，等待时机。他的这种“愚”是别人学不来的，是一种大智慧。

后来，这个词被用来指愚蠢得无人能及，孔夫子要是知道的话，恐怕会被气得从地底下爬出来吧。

辨 辩

扫码听儿歌

biàn hé biàn nán pàn duàn
辨和辩，难判断，

ná chū cài dāo qiē liǎng bàn
拿出菜刀切两半。

biàn bié biàn rèn hé biàn xī
辨别、辨认和辨析，

qiē kāi zhī hòu hǎo fēn biàn
切开之后好分辨。

rú guǒ bǎ dāo huàn chéng yán
如果把刀换成言，

biàn zì biàn chéng biàn
“辨”字变成“辩”。

biàn lùn biàn jiě hé biàn hù
辩论、辩解和辩护，

gè chí jǐ jiàn yǎn dèng yuán
各持己见眼瞪圆。

biàn 辨：辨别　辨析　辨认　明辨是非

biàn 辩：辩论　争辩　辩证法　能言善辩

闭
闲

扫码听儿歌

bì　xiàng dǐng mén shàng mén shuān
“**闭**”像顶门上门栓，

dǐng shang mén shuān bǎ mén guān
顶上门栓把门关。

bì mén zào chē yào bu de
闭门造车要不得，

kāi yǎn jiù děi xué hé kàn
开眼就得学和看。

máng máng lù lù yǒu xiē fán
忙忙碌碌有些烦，

mén qián jià qǐ mù zhà lan
门前架起木栅栏，

shuí dōu bú yào lái dǎ rǎo
谁都不要来打扰，

ràng wǒ dú zì duǒ qīng xián
让我独自躲清**闲**。

bì
闭

关闭　闭合　闭门造车　夜不闭户

xián
闲

清闲　悠闲　闲聊　忙里偷闲

问 间

扫二维码观看
汉字小动画

扫码听儿歌

mén qián kāi kǒu lái **wèn** xùn
门前开口来**问**讯，
yí **wèn** yì dá jiě yí **wèn**
一**问**一答解疑**问**。
kè shàng rú guǒ yǒu **wèn** tí
课上如果有**问**题，
jiù yào jǔ shǒu lái tí **wèn**
就要举手来提**问**。
mén fèng chǔ zài liǎng mén **jiān**
门缝处在两门**间**，
yáng guāng yóu cǐ rù yǎn lián
阳光（日）由此入眼帘。
liǎng gè dōng xi xiāng jiē chù
两个东西相接处，
nǐ jiù kě yǐ jiào zhōng **jiān**
你就可以叫“中**间**”。

wèn **问**：问题　问答　访问　提问

jiān **间**：中间　房间　时间　空间

jiàn **间**：间隔　间歇　间谍　离间

街 衍

扫码听儿歌

mǎ lù kǒu　　　　hóng lǜ dēng
马路口（彳亍），红绿灯，

xíng rén pái duì　　zài tōng xíng
行人排队（圭）在通行，

jiě mèi guàng jiē lè bù tíng
姐妹逛**街**乐不停。

dà yǔ　　　lái　fēng shēng míng
大雨（氵）来，风声鸣，

shuǐ yán jiē dào xiàng qián chōng
水沿**街**道向前冲，

liú yǎn　yǎn shè hé yǎn shēng
流**衍**、**衍**射和**衍**生。

jiē
街

街道　街头　逛街　大街小巷

yǎn
衍

衍生　衍射　繁衍　敷衍了事

磨
摩

扫码听儿歌

mò shì liǎng kuài dà shí pán
“磨”是两块大石盘，

máo lú lā mò zhuàn yuán quān
毛驴拉磨转圆圈，

néng mò dòu fu néng mò miàn
能磨豆腐能磨面。

mó bǎ shí tou huàn chéng shǒu
“摩”把石头换成手，

lái lái huí huí yòng lì àn
来来回回用力按，

àn mó quán kào shǒu lái zhuàn
按摩全靠手来转。

mó 磨：磨擦　磨炼　折磨　磨杵成针

mò 磨：石磨　磨盘　磨坊　卸磨杀驴

mó 摩：按摩　揣摩　观摩　摩拳擦掌

屎
尿
屁

扫码听儿歌

shī zì zhǐ shēn tǐ, zǔ zì bǐ yi bǐ.
“尸”字指身体，组字比一比。

shǐ zì xià miàn shì gè mǐ
“**屎**”字下面是个“米”，
yí lì yí lì xiàng lā xī
一粒一粒像拉稀。

niào zì xià miàn shì gè shuǐ
“**尿**”字下面是个“水”，
huá huá huá huá sā de jí
哗哗哗哗撒得急。

pì zì xià miàn shì gè bǐ
“**屁**”字下面是个“比”，
zhēng zhe qiǎng zhe wǎng wài jǐ
争着抢着往外挤。

shǐ **屎**：拉屎　狗屎　老鼠屎　屎壳郎

niào **尿**：撒尿　尿床　尿布　屁滚尿流

pì **屁**：放屁　屁股　拍马屁　跟屁虫

戎 戒

形近字篇

róng hé jiè bǐ yi bǐ
“戎”和“戒”，比一比：

róng zì xià miàn yì zhī shǒu
“戎”字下面一只手（𠂇），

dān shǒu chí gē shì bīng qì
单手持戈是兵器；

jiè zì xià miàn liǎng zhī shǒu
“戒”字下面两只手（廾），

shuāng shǒu chí gē zài jǐng tì
双手持戈在警惕。

扫码听儿歌

róng
戎：戎装　戎马　兵戎　投笔从戎

jiè
戒：戒备　警戒　戒尺　引以为戒

廷 延

扫码听儿歌

tíng hé yán yǒu xiē xiàng
“廷”和“延”，有些像，

qí shí tā liǎ bù yí yàng
其实它俩不一样。

cháo tíng gōng tíng yǒu huáng shang
朝廷、宫廷有皇上，

rě tā yào bèi dǎ tíng zhàng
惹他要被打廷杖。

shí jiān tuī chí jiào yán cháng
时间推迟叫延长，

yán nián yì shòu rén ān kāng
延年益寿人安康。

tíng
廷：朝廷　宫廷　廷尉　廷杖

yán
延：延长　延伸　延续　延年益寿

旬 甸

形近字篇

xún hé diàn kàn lǐ miàn
“旬”和“甸”，看里面：

xún lǐ yǒu rì zhǐ shí jiān
“旬”里有“日”指时间，

yì xún jiù shì zhěng shí tiān
一“旬”就是整十天；

diàn lǐ yǒu tián zhǐ kōng jiān
“甸”里有“田”指空间，

jiāo wài shì diàn biàn dì tián
郊外是甸遍地田。

扫码听儿歌

xún
旬

上旬 旬日 旬刊

diàn
甸

草甸子 沉甸甸

裁 栽 载

cái zāi zài bǐ yi bǐ
“裁”“栽”“载”，比一比：

cái zì xià miàn yǒu gè yī
“裁”字下面有个“衣”，

cái feng shǒu qiǎo zuò huā yī
裁缝手巧做花衣；

zāi zì xià miàn yǒu gè mù
“栽”字下面有个“木”，

zāi shù zhǒng huā xīn huān xǐ
栽树种花心欢喜；

zài zì xià miàn yǒu gè chē
“载”字下面有个“车”，

dà chē xiǎo chē zài dōng xi
大车、小车载东西。

扫码听儿歌

cái 裁：裁缝　剪裁　裁判　总裁

zāi 栽：栽树　栽培　盆栽　栽跟头

zǎi 载：记载　连载　一年半载　千载难逢

zài 载：载重　卸载　载歌载舞　厚德载物

bìàn rèn

辨认

辨认：指根据特点辨别，做出判断，以便找出或认定某一对象。

例句：猪小戒看见一个很眼熟的人，仔细辨认之后，竟然是幼儿园的同学。

如果你错写成了辩(biàn)认……

“辨”字中间是个变形的“刂”，表示用刀把东西切开，这样能更好地进行分辨和判断；“辩”字中间把“刂”换成了“讠”，表示双方各执己见地争辩。

guān mó

观摩

观摩： 意思是指互相学习，交流经验。

例句： 语文老师要在我们班举行观摩教学。

如果你错写成了**观磨**（mò）……

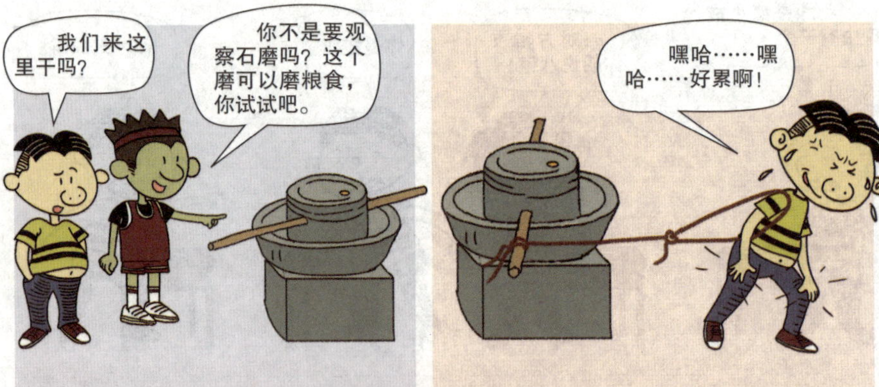

“磨”字原指石磨，可以用来磨米、磨面、磨豆腐，后来也指研磨等操作；“摩”字把下面的“石”换成“手”，表示用手来来回回地按摩，引申后也指反复观察、思考，如观摩、揣摩等。

暴 爆

形近字篇

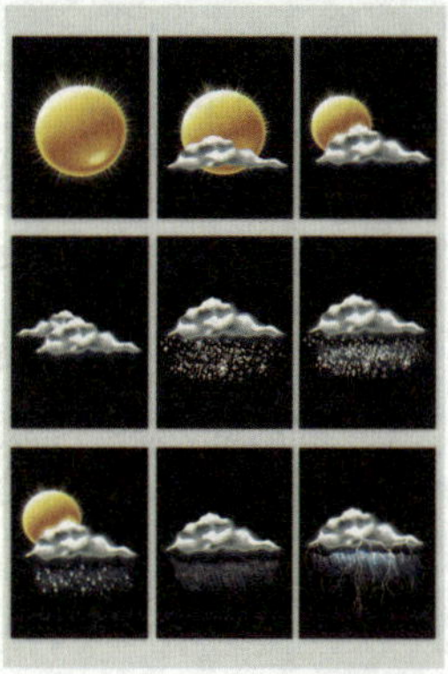

tū rán měng liè jiù shì bào
突然、猛烈就是“暴”，
bào fēng bào yǔ hū lái dào
暴风、暴雨忽来到，
pí qì bú yào tài bào zào
脾气不要太暴躁。
yǔ huǒ yǒu guān yào yòng bào
与“火”有关要用“爆”，
bào zhú bào zhà yǒu huǒ yào
爆竹、爆炸有火药，
huǒ shān bào fā kuài diǎnr pǎo
火山爆发快点儿跑。

扫码听儿歌

bào 暴：暴躁 — 粗暴 — 暴发户 — 山洪暴发

bào 爆：爆炸 — 爆竹 — 爆破筒 — 火山爆发

敝
蔽

扫码听儿歌

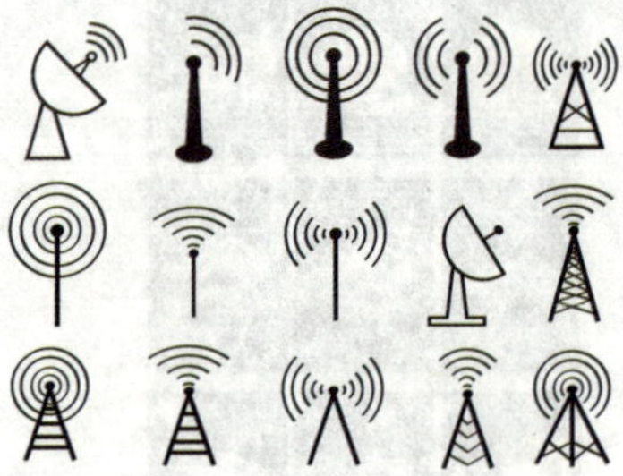

yī fu huài le jiù shì bì
衣服坏了就是"敝"，

bì rén bì zhǒu hé bì yī
敝人、敝帚和敝衣，

fēi cháng pí fá jiào pí bì
非常疲乏叫疲敝。

dài shàng cǎo mào biàn chéng bì
戴上草帽变成"蔽"，

yǐn bì zhē bì hé píng bì
隐蔽、遮蔽和屏蔽，

qī piàn yǐn mán jiào méng bì
欺骗隐瞒叫蒙蔽。

bì
敝：敝人　疲敝　敝帚自珍　民生凋敝

bì
蔽：隐蔽　屏蔽　衣不蔽体　遮天蔽日

采 彩

扫码听儿歌

yòng shǒu zhāi qǔ jiù shì cǎi
用手摘取就是“采”，
cǎi huā cǎi guǒ cǎi yě cài
采花、采果、采野菜。
cǎi yě zhǐ rén de shén tài
“采”也指人的神态，
fēng cǎi shén cǎi wú jīng dǎ cǎi
风采、神采、无精打采。
duō zhǒng yán sè jiù shì cǎi
多种颜色就是“彩”，
cǎi dēng cǎi bǐ hé sè cǎi
彩灯、彩笔和色彩，
zhāng dēng jié cǎi xǐ shì lái
张灯结彩喜事来。

cǎi
采
采集　开采　风采　神采飞扬

cǎi
彩
色彩　彩虹　精彩　丰富多彩

告别错别字

度 渡

形近字篇

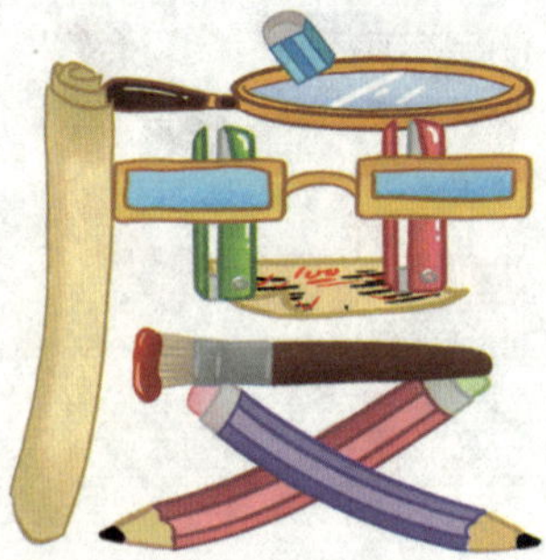

扫码听儿歌

dù shì biāo zhǔn jì xīn wō
“度”是标准记心窝，

guī fàn zhì dù hǎo shēng huó
规范制度好生活。

dù zì jiā shuǐ zhǐ dù hé
“度”字加“氵”指渡河，

bǎi dù lún dù bǎ hé guò
摆渡、轮渡把河过。

dù zì yě néng biǎo shì guò
“度”字也能表示“过”，

àn dù chén cāng chū qí zhāo
暗度陈仓出奇招，

dù jià shì bǎ jià qī lái xiāo mó
度假是把假期来消磨。

dù
度：尺度　程度　制度　欢度春节

dù
渡：渡船　渡口　摆渡　横渡长江

反 返

形近字篇

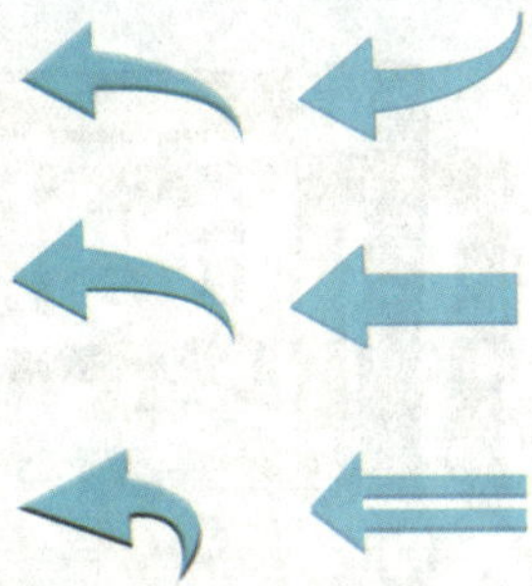

返回欧式箭头

扫码听儿歌

shǒu bèi biàn shǒu xīn　shǒu xīn biàn shǒu bèi
手背变手心，手心变手背，

fǎn fù　fǎn cháng hé fǎn duì
反复、**反**常和**反**对，

fǎn　shì diān dǎo bǎ shǒu huī
“**反**”是颠倒把手挥。

fǎn　de yì si shì huí guī
“**返**”的意思是回归，

fǎn huán　fǎn gōng hé fǎn huí
返还、**返**工和**返**回，

fǎn jǐng rù lín guāng xiàn wēi
返景入林光线微。

fǎn **反**：反复　反常　反对　物极必反

fǎn **返**：返回　返工　往返　流连忘返

幅 副

扫码听儿歌

jīn shì bù
“巾”是布，

fú shì bù pǐ de kuān dù
“幅”是布匹的宽度。

fú yuán fú dù hé piān fú
幅员、幅度和篇幅，

huà de gè shù yào lùn fú
画的个数要论幅。

fù shì cì yào hé fǔ zhù
副是次要和辅助，

fù shí fù shǒu lái xiāng zhù
副食、副手来相助，

zhèng fù xiāng duì yǒu liǎng gè
正、副相对有两个，

duì lián lùn fù yào jì zhù
对联论副要记住。

fú
幅

幅度　条幅　篇幅　幅员辽阔

fù
副

副手　副业　副食品　名不副实

频 濒

形近字篇

扫码听儿歌

pín de yì si shì pín fán
“**频**”的意思是**频**繁，

yí bù yí bù jǐn xiāng lián
一步一步紧相连。

shì pín shàng miàn kàn bǐ sài
视**频**上面看比赛，

jiàn ér jié bào pín pín chuán
健儿捷报**频频**传。

bīn de yì si shì jiē jìn
“**濒**”的意思是接近，

bīn wēi bīn sǐ yǒu wēi xiǎn
濒危、**濒**死有危险。

xiǎo péng yǒu men yào zhù yì
小朋友们要注意：

bú yào cháng dào shuǐ biān wán
不要常到水边玩。

pín **频**：频繁　频率　视频　捷报频传

bīn **濒**：濒危　濒死　濒临灭绝

暇

形近字篇

瑕

扫码听儿歌

xiá zì yǒu rì biǎo shí jiān
“暇”字有“日”表时间，

tā de yì si shì kòng xián
它的意思是空闲。

ruò dé xián xiá liàn shān shuǐ
若得闲暇恋山水，

biàn shì yì shí xiāo yáo xiān
便是一时逍遥仙。

xiá zì yǒu yù bù hǎo kàn
“瑕”字有“玉”不好看，

yuán shì yù shàng xiǎo bān diǎn
原是玉上小斑点。

xiá bù yǎn yú hái suàn hǎo
瑕不掩瑜还算好，

bái bì wú xiá gèng měi guān
白璧无瑕更美观。

xiá 暇：闲暇　空暇　目不暇接　应接不暇

xiá 瑕：瑕疵　微瑕　瑕不掩瑜　白璧无瑕

申 伸

扫码听儿歌

shēn zì shàng xià dōu chū tóu
“申”字上下都出头，
liǎng biān shū zhǎn màn yōu yōu
两边舒展慢悠悠，
yǐn shēn chu lai shuō míng yì
引申出来“说明”意，
shēn bào shēn qǐng gěi shàng tou
申报、申请给上头。

shēn zì guān lián rén zuǒ yòu
“伸”字关联人左右，
shēn tóu shēn yāo hé shēn shǒu
伸头、伸腰和伸手，
lù jiàn bù píng yì shēng hǒu
路见不平一声吼，
shēn zhāng zhèng yì měi míng liú
伸张正义美名留。

告别错别字

鱼 渔

形近字篇

扫码听儿歌

lǐ yú jì yú rè dài yú
鲤鱼、鲫鱼、热带鱼，

tǔ pào pao de xiǎo jīn yú
吐泡泡的小金鱼。

è yú jiǎ yú dà jīng yú
鳄鱼、甲鱼、大鲸鱼，

míng zi jiào yú bú shì yú
名字叫鱼不是鱼。

yú shì bǔ yú wèi shēng jì
“渔”是捕鱼为生计，

chuí diào sā wǎng lái dǎ yú
垂钓、撒网来打鱼，

yú zhōu chàng wǎn bō guāng lǐ
渔舟唱晚波光里。

yú 鱼：鱼类　鲤鱼　金鱼　甲鱼

yú 渔：渔夫　渔歌　渔翁　坐收渔利

huān dù chūn jié

欢度春节

欢度春节： 欢快地度过春节。
例句： 猪小戒家张灯结彩，准备欢度春节啦。

dù
如果你错写成了**欢渡春节**……

“度”一般是从时间上表示“过……”的意思，比如“欢度春节”“度假”等；而“渡”是从空间上表示“……过”的意思，“氵”则表示与水有关，从这一岸到另一岸。

一读就错的 242 个汉字

一年级上册（6）

折**纸**（zhǐ） ~~zǐ~~　**许**（xǔ）多 ~~xú~~　**绿**（lǜ）叶 ~~lù~~　**男**（nán）生 ~~lán~~　雨**伞**（sǎn） ~~shǎn~~　**金**（jīn）色 ~~jīng~~

一年级下册（11）

翅（chì）膀 ~~cì~~　采**摘**（zhāi） ~~zāi~~　香**皂**（zào） ~~zhào~~　成**熟**（shú） ~~shóu~~　**粽**（zòng）子 ~~zhòng~~

拨（bō）水 ~~pō~~　带**领**（lǐng） ~~líng~~　文件**夹**（jiā） ~~jiá~~　一**匹**（pǐ）马 ~~pī~~　北**斗**（dǒu）星 ~~dòu~~

开花**结**（jiē）果 ~~jié~~

二年级上册（13）

旅（lǚ）行 ~~lǔ~~　**梧**（wú）桐 ~~wǔ~~　**柏**（bǎi）树 ~~bái~~　**傍**（bàng）晚 ~~páng~~　**当**（dàng）作 ~~dāng~~

违（wéi）抗 ~~wěi~~　**糟**（zāo）糕 ~~cáo~~　**酸**（suān）甜 ~~shuān~~　一**幅**（fú）画 ~~fù~~　寒**号**（háo）鸟 ~~hào~~

一**艘**（sōu）船 ~~suō~~　**笼**（lǒng）盖四野 ~~lóng~~　**扎**（zhā）风筝 ~~zā~~

二年级下册（26）

堤（dī）岸 ~~tí~~　停**泊**（bó） ~~pō~~　**挪**（nuó）移 ~~nǎ~~　**蜈**（wú）蚣 ~~wū~~　山**冈**（gāng） ~~gǎng~~

友**谊**（yì） ~~yí~~　荆**棘**（jí） ~~cì~~　洞**穴**（xué） ~~xuè~~　**茁**（zhuó）壮 ~~zhuō~~　**稠**（chóu）密 ~~zhōu~~

簸**箕**（ji） ~~qī~~　**窄**（zhǎi）小 ~~zǎi~~　草**坪**（píng） ~~pín~~　大**厦**（shà） ~~xià~~　**坦**（tǎn）克 ~~tǎng~~

乞求 qǐ ~~qí~~　反驳 bó ~~bō~~　饲养 sì ~~shì~~　哨所 shào ~~xiāo~~　半晌 shǎng ~~xiǎng~~

灯盏 zhǎn ~~zhàn~~　烟囱 cōng ~~chōng~~　尽心竭力 jié ~~jiē~~　提供 gōng ~~gòng~~

蔗糖 zhè ~~zhē~~　丝绦 tāo ~~tiáo~~

三年级上册（20）

堤坝 bà ~~bèi~~　掠过 lüè ~~luè~~　膝盖 xī ~~qī~~　胸脯 pú ~~pǔ~~　满载 zài ~~zǎi~~

瑰丽 guī ~~guǐ~~　竹笋 sǔn ~~xǔn~~　凌乱 líng ~~lín~~　吞咽 yàn ~~yān~~　眼眶 kuàng ~~kuāng~~

瞬间 shùn ~~sùn~~　浸湿 jìn ~~qìn~~　演奏 zòu ~~zhòu~~　面包渣 zhā ~~zā~~　细嚼慢咽 jiáo ~~jué~~

根茎 jīng ~~jìng~~　召开 zhào ~~zhāo~~　稍息 shào ~~shāo~~　合拢 lǒng ~~lóng~~　鲫鱼 jì ~~jǐ~~

三年级下册（14）

空隙 xì ~~xī~~　伶俐 líng ~~lín~~　储存 chǔ ~~zhù~~　瞭望 liào ~~liáo~~　档案 dàng ~~dǎng~~

脊背 jǐ ~~jí~~　木杆 gān ~~gǎn~~　馋嘴 chán ~~cán~~　皱眉 zhòu ~~zòu~~　铁锚 máo ~~miáo~~

投掷 zhì ~~zhèng~~　红彤彤 tóng ~~tōng~~　唠叨 láo ~~lāo~~　纤细 xiān ~~qiān~~

四年级上册（18）

氛围 fēn ~~fèn~~　屹立 yì ~~qǐ~~　花蕾 lěi ~~léi~~　骤雨 zhòu ~~zòu~~　谦逊 xùn ~~sùn~~

饶恕 shù ~~nù~~　溃败 kuì ~~guì~~　坠落 zhuì ~~zuì~~　殷切 yīn ~~yīng~~　衣襟 jīn ~~jìn~~

霎(shà)时 ~~sà~~　蝙(biān)蝠 ~~biǎn~~　惩(chéng)罚 ~~chěng~~　窗框(kuàng) ~~kuāng~~

愚昧(mèi) ~~wèi~~　笨拙(zhuō) ~~zhuó~~　骨髓(suǐ) ~~suí~~　花圃(pǔ) ~~pú~~

四年级下册（14）

崭(zhǎn)新 ~~zǎn~~　矩(jǔ)形 ~~jù~~　浙(zhè)江 ~~zhé~~　油脂(zhī) ~~zhǐ~~　脸颊(jiá) ~~xiá~~

欺侮(wǔ) ~~rǔ~~　悲戚(qī) ~~qì~~　渗(shèn)透 ~~sèn~~　酣(hān)睡 ~~gān~~　病灶(zào) ~~zhào~~

慰藉(jiè) ~~jí~~　刹(chà)那 ~~shà~~　解剖(pōu) ~~pāo~~　倔(jué)强 ~~juè~~

五年级上册（22）

凛(lǐn)冽 ~~lín~~　岔(chà)道 ~~cà~~　筛(shāi)选 ~~sāi~~　执拗(niù) ~~yòu~~　湖畔(pàn) ~~bàn~~

匣(xiá)子 ~~jiá~~　矫(jiǎo)正 ~~jiào~~　依偎(wēi) ~~wèi~~　聒(guō)噪 ~~guā~~　堡垒(lěi) ~~léi~~

眼睑(jiǎn) ~~liǎn~~　抖擞(sǒu) ~~shù~~　酝酿(niàng) ~~liàng~~　炊(chuī)事员 ~~cuī~~　沉甸(diàn)甸 ~~diān~~

栩(xǔ)栩如生 ~~xú~~　有恃(shì)无恐 ~~sì~~　人影绰(chuò)绰 ~~zhuó~~　歧(qí)途 ~~qǐ~~

嫉(jí)妒 ~~jì~~　发酵(jiào) ~~xiào~~　玲珑剔(tī)透 ~~tì~~

五年级下册（25）

旖旎(nǐ) ~~ní~~　船坞(wù) ~~wū~~　哗(huá)然 ~~huā~~　点缀(zhuì) ~~zuì~~　艄(shāo)公 ~~xiāo~~

肋(lèi)骨 ~~lè~~　牛犊(dú) ~~dǔ~~　揩(kāi)泪 ~~jiē~~　蚌(bàng)壳 ~~bèng~~　颧(quán)骨 ~~guàn~~

牲畜 chù ~~xù~~　顺遂 suì ~~suí~~　桅杆 wéi ~~wěi~~　琴弦 xián ~~xuán~~　玷污 diàn ~~zhàn~~

徘徊 huái ~~huí~~　顽劣 liè ~~lüe~~　碧波万顷 qǐng ~~qīng~~　龇牙咧嘴 zī ~~cī~~

膘肥体壮 biāo ~~piāo~~　镌刻 juān ~~juàn~~　踌躇 chóu chú ~~shòu zhù~~　造诣 yì ~~zhǐ~~

憎恨 zēng ~~zèng~~

六年级上册（26）

风靡 mǐ ~~mí~~　搀扶 chān ~~cān~~　焖饭 mèn ~~mēn~~　渲染 xuàn ~~xuān~~　鸣啭 zhuàn ~~zhuǎn~~

抽噎 yē ~~yè~~　吊唁 yàn ~~yán~~　镊子 niè ~~niē~~　竹匾 biǎn ~~biān~~　驰骋 chěng ~~chéng~~

辐射 fú ~~fǔ~~　摇曳 yè ~~yì~~　伪装 wěi ~~wéi~~　逶迤 wēi ~~wěi~~　狞笑 níng ~~nìng~~

山坳 ào ~~āo~~　鏖战 áo ~~lù~~　岷山 mín ~~mǐn~~　奄奄一息 yǎn ~~yān~~

戛然而止 jiá ~~gá~~　囫囵吞枣 hú lún ~~wù lùn~~　瘦削 xuē ~~xiāo~~　矗立 chù ~~zhù~~

矗立 chù ~~zhù~~　入场券 quàn ~~juàn~~

六年级下册（16）

炽热 chì ~~zhì~~　日晷 guǐ ~~jiǔ~~　机杼 zhù ~~shū~~　弓缴 zhuó ~~jiǎo~~　纬度 wěi ~~wéi~~

掺和 chān ~~cān~~　急遽 jù ~~zhòu~~　蜜饯 jiàn ~~qián~~　潺潺 chán ~~cán~~　头晕目眩 xuàn ~~xuán~~

潸（shān）然泪下 ~~sān~~　衣衫褴褛（lán lǚ） ~~jiān lǒu~~　账簿（bù） ~~bó~~

鸿鹄（hú） ~~gào~~　锲（qiè）而不舍 ~~qì~~

七年级（31）

贮（zhù）存 ~~chǔ~~　坍（tān）塌 ~~dān~~　亘（gèn）古 ~~gèng~~　蜷（quán）伏 ~~juǎn~~　吝啬（sè） ~~qiáng~~

惊悚（sǒng） ~~shù~~　吞噬（shì） ~~sì~~　门槛（kǎn） ~~jiān~~　蝉蜕（tuì） ~~tuō~~　莅（lì）临 ~~wèi~~

干涸（hé） ~~gù~~　耸峙（zhì） ~~sì~~　钦（qīn）佩 ~~qīng~~　棱（léng）镜 ~~líng~~　倜傥（tǎng） ~~dǎng~~

姊（zǐ）妹 ~~dì~~　镐（gǎo）头 ~~gāo~~　修葺（qì） ~~róng~~　羸（léi）弱 ~~yíng~~　忏（chàn）悔 ~~qiān~~

憔悴（cuì） ~~suì~~　狭隘（ài） ~~yì~~　忧心忡（chōng）忡 ~~zhōng~~　咄（duō）咄逼人 ~~duó~~

刨（páo）根问底 ~~báo~~　海市蜃（shèn）楼 ~~chún~~　气冲斗（dǒu）牛 ~~dòu~~

粗犷（guǎng） ~~kuàng~~　俯瞰（kàn） ~~gǎn~~　热忱（chén） ~~zhěn~~

拈（niān）轻怕重 ~~zhān~~

一读就错的姓氏（10）

纪(jǐ)昌 ~~jì~~　**华**(huà)佗 ~~huá~~　**解**(xiè)缙 ~~jiě~~　**仇**(qiú)英 ~~chóu~~　**逄**(páng)蒙 ~~féng~~

乐(yuè)毅 ~~lè~~　**蔺**(lìn)相如 ~~lín~~　**尉**(yù)迟(chí)恭 ~~wèi~~　**令**(líng)狐冲 ~~lìng~~　**任**(rén)弼时 ~~rèn~~

一写就错的194个汉字

一年级上册（4）

自**己** ~~已~~　**立**正 ~~力~~　**土**地 ~~士~~　作业**本** ~~木~~

一年级下册（2）

坐车 ~~座~~　树**干** ~~千~~

二年级上册（12）

花**园** ~~圆~~　**丛**林 ~~从~~　时**候** ~~侯~~　杆**秤** ~~称~~　晴**朗** ~~郎~~

度假 ~~渡~~　**苍**茫 ~~沧~~　**汽**水 ~~气~~　一**支**笔 ~~只~~　大雪**纷**飞 ~~分~~

工**作** ~~做~~　爱**戴** ~~带~~

二年级下册（8）

梳**妆** ~~装~~　**苹**果 ~~平~~　干**净** ~~静~~　**决**定 ~~绝~~　**蓝**天 ~~篮~~　**艰**难 ~~坚~~

花**籽** ~~子~~　挥**洒** ~~酒~~

三年级上册（11）

飞**扬** ~~杨~~　**径**直 ~~经~~　**蜡**烛 ~~腊~~　观**察** ~~查~~　合**拢** ~~笼~~　**渔**民 ~~鱼~~

孤独 ~~狐~~　**诉**说 ~~折~~　麻**雀** ~~鹊~~　**未**来 ~~末~~　**晒**太阳 ~~硒~~

三年级下册（24）

模**型** ~~形~~　等**待** ~~侍~~　**懦**弱 ~~儒~~　记**录** ~~寻~~　形**状** ~~壮~~　**乘**法 ~~乖~~

篇章 ~~幕~~　**坚**固 ~~竖~~　检**查** ~~杳~~　秘**密** ~~蜜~~　钓**竿** ~~杆~~　历**史** ~~吏~~

货物 ~~贷~~　**拨**弄 ~~拔~~　**鬼**怪 ~~鬼~~　**卷**尺 ~~巻~~　肥**皂** ~~皂~~　**仰**头 ~~伽~~

盗**贼** ~~贼~~　没精打**采** ~~彩~~　欧**洲** ~~州~~　**厉**害 ~~历~~

辨认 ~~辩~~　**骄**傲 ~~娇~~

四年级上册（30）

河**堤** ~~提~~　**霎**时 ~~刹~~　**堵**车 ~~赌~~　**茂**盛 ~~茂~~　**坑**洼 ~~坑~~　**僵**硬 ~~疆~~

豌豆 ~~碗~~　**犹**如 ~~优~~　**按**照 ~~安~~　世**纪** ~~记~~　**吟**诵 ~~呤~~　投**降** ~~降~~

枯**萎** ~~委~~　**劈**开 ~~辟~~　**既**然 ~~即~~　凶**狠** ~~狼~~　**驾**驶 ~~架~~　**幼**儿 ~~幻~~

愣住 ~~楞~~　**辫**子 ~~瓣~~　咱**俩** ~~两~~　**催**促 ~~摧~~　**戎**装 ~~戒~~　**徒**弟 ~~徙~~

求**饶** ~~绕~~　**卧**室 ~~卧~~　**缓**慢 ~~缓~~　日**暮** ~~幕~~　自**豪** ~~毫~~　**竞**争 ~~竟~~

四年级下册（34）

依**赖** ~~敕~~　**率**领 ~~卒~~　期**末** ~~未~~　石**笋** ~~芛~~　**隧**道 ~~遂~~　**膨**大 ~~彭~~

开**辟** ~~僻~~　低**碳** ~~炭~~　浪**漫** ~~曼~~　遭**殃** ~~央~~　**孵**蛋 ~~浮~~　锦**囊** ~~襄~~

土**炕** ~~抗~~　枪**栓** ~~拴~~　大**雁** ~~燕~~　**剖**析 ~~刨~~　**岗**位 ~~冈~~　调**遣** ~~谴~~

践行 ~~贱~~　**乖**巧 ~~乘~~　**譬**如 ~~辟~~　**踪**迹 ~~综~~　蜻**蜓** ~~蜒~~　**藤**萝 ~~腾~~

宽**窄** ~~宱~~　**窟**窿 ~~窑~~　**拆**除 ~~折~~　拖**拽** ~~拽~~　鸡**笼** ~~茏~~

三**番**五次 ~~翻~~　一丝不**苟** ~~荀~~　慰**藉** ~~籍~~　蚊**帐** ~~账~~

晌午 ~~响~~

五年级上册（20）

适**宜** ~~宣~~　相**框** ~~筐~~　望**哨** ~~稍~~　**榨**油 ~~炸~~　爱**慕** ~~幕~~　**俯**冲 ~~府~~

妨碍 ~~防~~　烦**琐** ~~锁~~　**箩**筐 ~~萝~~　**糕**饼 ~~榚~~　**疆**土 ~~彊~~　酷**暑** ~~署~~

煤**炭** ~~碳~~　**噪**声 ~~躁~~　**黎**明 ~~梨~~　**萤**火虫 ~~荧~~　举世闻**名** ~~明~~

誊写 ~~誉~~　船**桨** ~~浆~~　应接不**暇** ~~遐~~

五年级下册（12）

勿用 ~~匆~~　榜文 ~~傍~~　摩天 ~~魔~~　锻炼 ~~练~~　崭新 ~~斩~~　享受 ~~亨~~

眷恋 ~~卷~~　喉咙 ~~猴~~　慈祥 ~~详~~　拇指 ~~母~~　由衷 ~~忠~~

露馅儿 ~~陷~~

六年级上册（12）

刺猬 ~~谓~~　橡皮 ~~像~~　熄火 ~~息~~　谚语 ~~彦~~　天涯 ~~崖~~　喧闹 ~~暄~~

隆重 ~~降~~　糟糕 ~~槽~~　萍藻 ~~苹~~　惊慌 ~~荒~~　摇篮 ~~蓝~~　逃窜 ~~蹿~~

六年级下册（10）

花蕊 ~~芯~~　书籍 ~~藉~~　耽搁 ~~眈~~　惊惶 ~~皇~~　洪亮 ~~哄~~

赤裸裸 ~~倮倮~~　无可奈何 ~~耐~~　不可思议 ~~义~~　含情脉脉 ~~默默~~

通宵 ~~霄~~

七年级（15）

虐待 ~~虑~~　粗犷 ~~旷~~　静谧 ~~密~~　侍弄 ~~待~~　诀别 ~~决~~　云霄 ~~宵~~

热忱 ~~枕~~　琢磨 ~~啄~~　拖沓 ~~踏~~　见异思迁 ~~义~~　漠不关心 ~~莫~~

骇人听闻 ~~害~~　大庭广众 ~~庭~~　安详 ~~祥~~　高粱 ~~梁~~

告别错别字

多音字歌谣100首

熊爸老黑◎著绘

海豚出版社
DOLPHIN BOOKS
CICG 中国国际传播集团

图书在版编目（C I P）数据

告别错别字. 多音字歌谣100首 / 熊爸老黑著绘.
北京 : 海豚出版社, 2025. 5. — ISBN 978-7-5110
-7407-2

Ⅰ. G624.203

中国国家版本馆CIP数据核字第2025ZA8101号

出 版 人: 王 磊
责任编辑: 杨文建 白 云
项目编辑: 葛荣华 冷国东
责任印制: 于浩杰 蔡 丽
法律顾问: 北京市君泽君律师事务所 马慧娟 刘爱珍

出　　版: 海豚出版社
地　　址: 北京市西城区百万庄大街24号
邮　　编: 100037
电　　话: 010-51262720（销售） 010-68996147（总编室）
传　　真: 010-68996147
印　　刷: 唐山楠萍印务有限公司
经　　销: 全国新华书店及各大网络书店
开　　本: 710毫米×1000毫米　1/16
印　　张: 32.5
字　　数: 200千
版　　次: 2025年5月第1版　2025年5月第1次印刷
标准书号: ISBN 978-7-5110-7407-2
定　　价: 180.00元（全4册）

本书二维码自版权页所标注印刷之日起三年内有效　版权所有 侵权必究

前言

总是因为错别字而挨批的小朋友有福了，这套书就是专门解决这个问题的。

我们将形近字、同音字、多音字、易错字分门别类，以儿歌的形式讲述了 800 多个小学生常见的错别字，对它们进行了详细梳理与辨析。

这些儿歌准确生动，趣味性十足。比如《鸟・乌》：“‘鸟’和‘乌’，看眼珠：小鸟眼珠滴溜儿圆，看啥都清楚；乌鸦上下一身黑，眼珠找不到，可把人难住。”短短几句话，紧紧围绕“眼珠”这个区分“鸟”“乌”二字的关键因素展开，让人印象深刻。

我们还准备了搞笑漫画和有趣的冷知识内容，让阅读过程更轻松。

小朋友，准备好了吗？现在就开始阅读，告别错别字吧。

人物介绍

迷糊的大胃王，从小就有一个理想，成为一名美食家，所以他对一切与美食相关的东西都非常感兴趣。

猪小戒

性格火暴，心地善良，是猪小戒的克星。

板牙妹

运动健将，性格豪爽，是猪小戒的好伙伴。

孙小空

性格孤僻，在班上的人缘不好，除了猪小戒，其他同学都不爱与他交往。

金小角

目录

阿

多音字篇

扫码听儿歌

A

dà de tǔ shān jiào zuò ē
大的土山叫作“阿”，

ē yú ē fù shì yíng hé
阿谀、阿附是迎合。

shān dōng yǒu gè dōng ē xiàn
山东有个东阿县，

ē jiāo dà míng chuán quán guó
阿胶大名传全国。

chēng hu qián miàn dú zuò
称呼前面读作“ā”，

ā yí ā bà hé ā pó
阿姨、阿爸和阿婆。

shēng shēng qīn qiè shēng shēng huàn
声声亲切声声唤，

jù jù shēng shēng nuǎn xīn wō
句句声声暖心窝。

ā 阿：阿姨　阿爸　阿婆　阿罗汉

ē 阿：山阿　阿胶　阿附　阿谀奉承

挨

多音字篇

扫码听儿歌

wǒ āi zhe nǐ, nǐ āi zhe wǒ,
我挨着你，你挨着我，

xiǎo huǒ bàn men wéi quān zuò.
小伙伴们围圈坐。

āi gè chuán dì huā shǒu juàn,
挨个传递花手绢，

zài shuí shǒu li shuí chàng gē.
在谁手里谁唱歌。

bú huì chàng gē nǐ bié pà,
不会唱歌你别怕，

bù ái dǎ yě bù ái shuō.
不挨打也不挨说。

cāi gè mí, bèi shǒu shī,
猜个谜，背首诗，

shuō gè xiào hua dà jiā lè.
说个笑话大家乐。

āi 挨：挨个　挨近　挨着　挨家挨户

ái 挨：挨打　挨说　挨揍　挨骂

拗

多音字篇

扫码听儿歌

xiǎo máo lǘ pí qi niù
小毛驴，脾气**拗**，

nǐ shuō dōng lái tā pǎo xī
你说东来它跑西。

ná gēn zhú gùn xià hu tā
拿根竹棍吓唬它，

yì kǒu ǎo duàn qì xiū xiū
一口**拗**断气咻咻。

è ā è ā
呃啊……呃啊……

máo lǘ tā zài shuō shén me
毛驴它在说什么？

ào kǒu ào kǒu zhēn ào kǒu
拗口**拗**口真**拗**口，

tīng qi lai kě zhēn biè niu
听起来可真别扭。

ǎo **拗**：拗断　拗过去

ào **拗**：拗口　拗口令

niù **拗**：执拗　拗劲　拗不过

扒

扫码听儿歌

B

xiǎo jī zhuǎ zi jǐn bā la
小鸡爪子紧扒拉，

bā kāi ní tǔ bǎ chóng zhuā
扒开泥土把虫抓。

chóng zi fàng zài bēi bāo li
虫子放在背包里，

jī zǎn duō le dài huí jiā
积攒多了带回家。

xiǎo niǎo tōu tōu zuò pá shǒu
小鸟偷偷做扒手，

bā kāi bēi bāo xiào hā hā
扒开背包笑哈哈。

chóng zi quán bù bèi pá qiè
虫子全部被扒窃，

qì de xiǎo jī duò jiǎo mà
气得小鸡跺脚骂。

bā 扒：扒开　扒拉　扒车　扒土

pá 扒：扒手　扒窃　扒鸡　扒肘子

把

多音字篇

扫码听儿歌

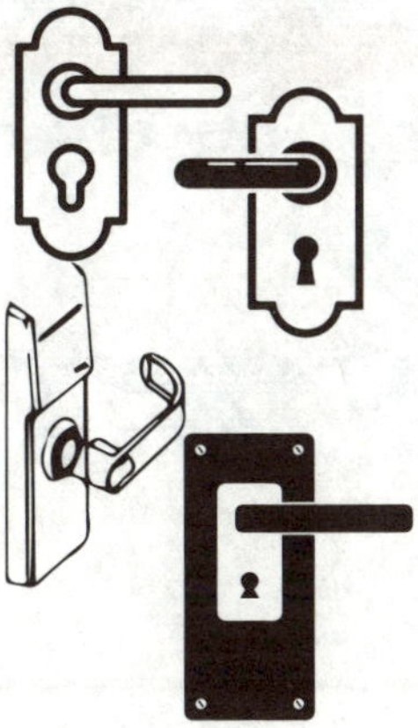

yì bǎ qiāo yì bǎ gǎo
一把锹，一把镐，

dì li hāo le yì bǎ cǎo
地里薅了一把草。

hāi yō hāi yō bǎ tián wā
嗨哟嗨哟把田挖，

liáng shi fēng shōu chī gè bǎo
粮食丰收吃个饱。

xiǎo huǒr liú hàn gàn jìn gāo
小伙儿流汗干劲高，

zhǐ shì gàn huór tài máo zào
只是干活儿太毛躁。

gǎo bà kē zài shí tou shàng
镐把磕在石头上，

kā chā yì shēng zhé duàn le
咔嚓一声折断了。

bǎ 把：把握　把持　把守　把柄

bà 把：刀把儿　话把儿

薄

扫码听儿歌

shì bú hòu sā yīn diào
"薄"是不厚仨音调，

cōng míng de nǐ kě zhī dào
聪明的你可知道？

kǒu yǔ lǐ miàn dú zuò
口语里面读作"báo"，

báo piàn báo bǐng liǎn pí báo
薄片、薄饼、脸皮薄。

shū miàn yòng yǔ dú zuò
书面用语读作"bó"，

bó lǐ bó qíng hé bó ruò
薄礼、薄情和薄弱。

hái yǒu yí gè dú zuò
还有一个读作"bò"，

qīng liáng qīng xiāng shì bò he
清凉清香是薄荷。

báo 薄：薄饼　薄膜　薄片　脸皮薄

bó 薄：单薄　稀薄　薄礼　轻薄

bò 薄：薄荷

背

多音字篇

扫码听儿歌

xiǎo hái zi ràng mā bēi
小孩子，让妈背，

kū zhe hǎn zhe bǎ lèi chuí
哭着喊着把泪垂。

mā ma bǎ tā bēi bèi shàng
妈妈把它背背上，

mǎ shàng shōu lèi lè kāi zuǐ
马上收泪乐开嘴。

zhǎng dà hòu mā tuó bèi
长大后，妈驼背，

bēi fù shēng huó de láo lèi
背负生活的劳累。

mā ma mā ma kuài zuò xià
妈妈妈妈快坐下，

wǒ lái gěi nǐ chuí chui bèi
我来给你捶捶背。

bēi 背：背包　背带　背篓　背黑锅

bèi 背：脊背　后背　背影　背井离乡

奔

扫码听儿歌

xiǎo mǎ shuì xǐng jiù bēn pǎo
小马睡醒就**奔**跑，

bèn xiàng hé biān yí piàn cǎo
奔向河边一片草。

nà piàn qīng cǎo zuì xiān měi
那片青草最鲜美，

bēn pǎo guo qu chī gè bǎo
奔跑过去吃个饱。

yǒu le bèn tour hěn kuài dào
有了**奔**头儿很快到，

qīng cǎo bú jiàn xiǎo mǎ nǎo
青草不见小马恼。

qián miàn yì qún xiǎo mián yáng
前面一群小绵羊，

tā men qǐ de bǐ mǎ zǎo
它们起得比马早。

bēn 奔：奔跑　奔波　奔驰　奔腾

bèn 奔：投奔　奔命　奔头儿　各奔前程

扁

多音字篇

扫码听儿歌

zhú kuāng lǐ miàn zhuāng biǎn dòu
竹筐里面装扁豆，

zhuāng le liǎng kuāng yào yùn zǒu
装了两筐要运走。

yì gēn biǎn dan tiāo qi lai
一根扁担挑起来，

xiǎo huǒr tiāo zhe qù dù kǒu
小伙儿挑着去渡口。

shì chǎng jiù zài hé duì àn
市场就在河对岸，

hé shang lái le yì piān zhōu
河上来了一扁舟。

xiǎo huǒr hū huàn máng zhāo shǒu
小伙儿呼唤忙招手，

biǎn dan liǎng tóu chàn yōu yōu
扁担两头颤悠悠。

biǎn 扁：扁担　扁豆　扁鹊　扁桃体

piān 扁：一叶扁舟

便

多音字篇

扫码听儿歌

shǒu jī zhī fù hěn fāng biàn
手机支付很方**便**，

qián bāo bú yòng dài shēn biān
钱包不用带身边。

sǎo mǎ jiù néng bǎ qián fù
扫码就能把钱付，

bú yòng má fan zhǎo líng qián
不用麻烦找零钱。

lái dào jiē biān biàn lì diàn
来到街边**便**利店，

dōng xi pián yi yòu xīn xiān
东西**便**宜又新鲜。

diàn zhǔ fú wù hěn zhōu dào
店主服务很周到，

dà fù pián pián lù xiào liǎn
大腹**便便**露笑脸。

biàn 便：方便　便利　随便　家常便饭

pián 便：便宜　大腹便便

扒手
pá shǒu

扒手（pá shǒu）：偷窃别人身上财物的小偷。

例句：出门在外要看好随身物品，小心扒手。

如果你错写成了扒（bā）手……

“扒”是一个多音字，当“扒”读作“pá”的时候，意思是用手或用耙子等工具把东西聚拢或散开，还有窃取钱财、煨烂食物的烹调法等意思；当“扒”读作“bā”的时候，有刨、挖、挖动、抓住、拨开等意思。

biàn lì
便利

biàn lì
便利： 使用或行动起来不感觉困难，容易达到目的，多用于较大范围的事物。

例句： 这座城市的交通非常便利。

如果你错写成了便(pián)利……

“便”是一个多音字。当“便”读作“biàn”的时候，意思是方便、便利、简单、适宜、排泄、屎尿等；当“便”读作“pián”的时候，意思是便宜、好处、价钱低等。

卜

扫码听儿歌

hú li jiē biān bǎi guà tān
狐狸街边摆卦摊，

chuī xū zì jǐ huì zhān bǔ
吹嘘自己会占卜。

tù zi hào qí shēn ěr wèn
兔子好奇伸耳问，

hú li xiǎo shēng jǐn dī gu
狐狸小声紧嘀咕。

dǎ zhù dǎ zhù kuài dǎ zhù
打住打住快打住，

shā duī nǎ néng zhǎng mó gu
沙堆哪能长蘑菇？

xìn nǐ bù rú zǎo huí jiā
信你不如早回家，

hái néng kěn gè dà luó bo
还能啃个大萝卜。

bǔ 卜：占卜　卜卦

bo 卜：萝卜　胡萝卜

藏

多音字篇

扫码听儿歌

C

yāo guài yù dào táng sān zàng
妖怪遇到唐三藏，

liǎng zhī yǎn jing mào jīn guāng
两只眼睛冒金光。

yí zhèn yāo fēng zhuō le qù
一阵妖风捉了去，

cáng zài dòng zhōng yào bāo tāng
藏在洞中要煲汤。

sān gè tú dì zhǎo shàng mén
三个徒弟找上门，

yāo guài wán qǐ zhuō mí cáng
妖怪玩起捉迷藏。

hū tīng tóu shàng yì shēng hǎn
忽听头上一声喊，

chī ǎn lǎo sūn jīn gū bàng
吃俺老孙金箍棒。

cáng 藏：埋藏　隐藏　捉迷藏　收藏

zàng 藏：宝藏　西藏　藏族　唐三藏

差

多音字篇

扫码听儿歌

xiǎo hóu chū chāi qù xiāng xia
小猴出差去乡下，

xiǎng yào shōu pī dà xī guā
想要收批大西瓜。

gè dà gè xiǎo quán dōu yǒu
个大个小全都有，

cēn cī bù qí yǒu diǎnr chà
参差不齐有点儿差。

xiǎo hóu zhòu méi kàn xī guā
小猴皱眉看西瓜，

xīn zhōng yù xiǎng yǒu piān chā
心中预想有偏差。

chā qiáng rén yì yě néng shōu
差强人意也能收，

guā jià kě děi hěn diǎnr yā
瓜价可得狠点儿压。

chā 差：差错　差别　差距　偏差

chà 差：差劲　差等　差点儿　差不多

chāi 差：差遣　差使　出差　交差

cī 差：参差不齐

长

扫码听儿歌

hái zi zhǎng dà jiā zhǎng máng
孩子长大家长忙，
sòng dào jì xiào xué tè cháng
送到技校学特长。
xiǎo hóu xǐ huan lā lā miàn
小猴喜欢拉拉面，
miàn tiáo lā de xì yòu cháng
面条拉得细又长。
xiào zhǎng lǎo shī qí kuā jiǎng
校长老师齐夸奖，
lè de xiǎo hóu pāi bā zhang
乐得小猴拍巴掌。
fàn diàn lǐ miàn zhǎo gōng zuò
饭店里面找工作，
hái dāng shàng le chú shī zhǎng
还当上了厨师长。

cháng 长：长度　长短　长江　各有所长

zhǎng 长：家长　长辈　校长　生长

车

多音字篇

扫码听儿歌

xiǎo hóu qí chē qù gǎn jí
小猴骑车去赶集，

jiē biān yǒu rén xià xiàng qí
街边有人下象棋。

qí mí xiǎo hóu xīn lǐ jí
棋迷小猴心里急，

sān bù liǎng bù gǎn guo qu
三步两步赶过去。

jū zài mǎ jiǎo yào bèi tī
车在马脚要被踢，

xià qí de rén méi zhù yì
下棋的人没注意。

zǒu jū zǒu jū kuài zǒu jū
走车、走车、快走车，

xiǎo hóu dāng le duō zuǐ lǘ
小猴当了多嘴驴。

chē 车：马车　汽车　火车　风车

jū 车：丢卒保车　丢车保帅

称

多音字篇

扫码听儿歌

xiǎo māo mǎi le yì tiáo yú
小猫买了一条鱼，

fàng zài chèng shang chēng yi chēng
放在秤上**称**一**称**。

mài jiā zì chēng bù qī kè
卖家自**称**不欺客，

zú jīn zú liàng hěn gōng píng
足斤足量很公平。

xiǎo māo chēng zàn shù mǔ zhǐ
小猫**称**赞竖拇指，

zuǒ shǒu yǒu yú yòu shǒu kōng
左手有鱼右手空。

hū rán gǎn jué bú duì chèn
忽然感觉不对**称**，

zài mǎi yì tiáo cái píng héng
再买一条才平衡。

chēng **称**：称量　名称　称颂　称兄道弟

chèn **称**：称心　称职　相称　对称

臭

多音字篇

扫码听儿歌

zì shì bí zi quǎn shì gǒu
"自"是鼻子"犬"是狗，

xiǎo gǒu shēn bí dào chù xiù xiù
小狗伸鼻到处**臭**（**嗅**）。

yě zhǐ qì wèi rú tóng xiù
也指气味如铜**臭**，

rǔ xiù wèi gān rén nián yòu
乳**臭**未干人年幼。

nán wén de qì wèi dú zuò
难闻的气味读作"chòu"，

chòu yú chòu ròu chòu nà dòu
臭鱼、**臭**肉、**臭**纳豆。

hái yǒu nà ge chòu dòu fu
还有那个**臭**豆腐，

bí zi shàng qián wén yi wén
鼻子上前闻一闻，

zhè wèir kě zhēn shàng tóu
这味儿可真上头！

chòu 臭：臭味儿　臭虫　臭豆腐　遗臭万年

xiù 臭：铜臭　乳臭未干　无声无臭

处

扫码听儿歌

xiǎo hóu tiáo pí ài dǎ jià
小猴调皮爱打架，
cháng bǎ tóng xué lái qī fu
常把同学来欺负。
lǎo shī yán lì chǔ fá tā
老师严厉**处**罚它，
xiǎo hóu máng shuō duì bu zhù
小猴忙说对不住。
rén yǒu duǎn chù hé cháng chù
人有短**处**和长**处**，
xiǎo hóu cháng chù shì pá shù
小猴长**处**是爬树。
zhāi xià shuǐ guǒ dà jiā cháng
摘下水果大家尝，
tóng xué xiāng chǔ yào hé mù
同学相**处**要和睦。

chǔ **处**：处理　处罚　相处　设身处地

chù **处**：处所　住处　长处　好处

畜

扫码听儿歌

mǎ niú yáng jī gǒu hé zhū
马牛羊鸡狗和猪，

nóng jiā xīng wàng yǎng liù chù
农家兴旺养六畜。

chù yě niàn shì sì yǎng
“畜”也念“xù”是饲养，

cǎo yuán rén mín gǎo xù mù
草原人民搞畜牧。

niú chéng qún yáng wú shù
牛成群，羊无数，

mǎ ér bēn pǎo yǐn chén lù
马儿奔跑饮晨露。

shēng chù yǎng dà huàn chéng qián
牲畜养大换成钱，

jiā yǒu jī xù hǎo zhì fù
家有积蓄好致富。

chù
畜：家畜　种畜　畜生　六畜兴旺

xù
畜：畜牧　畜养　畜产

传

扫码听儿歌

tā gěi wǒ　wǒ gěi nǐ
他给我，我给你，

yí gè yí gè zài chuán dì
一个一个在**传**递。

xìn xī kuò sàn shì chuán bō
信息扩散是**传**播，

lí qí gù shi jiào chuán qí
离奇故事叫**传**奇。

rén wù shì jì xiě zhuàn jì
人物事迹写**传**记，

shǐ jì jiù shì jì zhuàn tǐ
《史记》就是纪**传**体。

gōng yáng gǔ liáng hé zuǒ zhuàn
公羊、谷梁和左**传**，

chūn qiū sān zhuàn shǐ jiā bǐ
春秋三**传**史家笔。

chuán **传**：传递　传送　传播　流传

zhuàn **传**：传记　自传　列传　言归正传

bǎo zàng
宝藏

bǎo zàng
宝藏： 一般是指储藏的大宗珍宝或珍贵物品，也指蕴藏在地下的矿产资源。

例句： 我们一起去寻找神秘的宝藏。

如果你将**宝藏**（zàng）读成了**宝藏**（cáng）……

“藏”是一个多音字。当“藏”读成“zàng”的时候，意思是储存着大量东西的地方、佛教或者道教经典的总称、西藏自治区的简称，比如宝藏、西藏。当“藏”读“cáng”的时候，意思是隐蔽；保存、储存；埋藏在地下的矿物，比如捉迷藏、藏起来。

chèn xīn
称心

chèn xīn

称心： 符合心意，满意。

例句： 猪小戒终于买到了称心如意的作业本。

如果你错读成了称（chēng）心……

"称"是一个多音字。当"称"读成"chēng"的时候，有测量物体的轻重、名称、陈述等意思；而当"称"读成"chèn"的时候，意思是适合、恰当。

答

多音字篇

扫码听儿歌

D

xiǎo míng kè táng lái dá tí
小明课堂来答题，
wèn tí tài nán xīn lǐ jí
问题太难心里急。
huí dá bù chū qiú bāng zhù
回答不出求帮助，
tóng zhuō xiǎo xuě bù dā li
同桌小雪不搭理。
xiǎo míng kè xià xiǎng bǔ xí
小明课下想补习，
xiǎo xuě dā ying lái dá yí
小雪答应来答疑。
xiǎo míng gǎn jī yào dá xiè
小明感激要答谢，
xiǎo xuě máng shuō bié kè qi
小雪忙说别客气。

dá 答：答案　答复　回答　答谢

dā 答：答应　羞答答　爱答不理

告别错别字

大

多音字篇

扫码听儿歌

扫二维码观看
汉字小动画

bà ba mā ma shì dà rén
爸爸妈妈是大人，
téng ài hái zi bèir wēn xīn
疼爱孩子倍儿温馨。
dòng wù yuán lǐ kàn dà xiàng
动物园里看大象，
sì zhī cū zhuàng jiǎo bù chén
四肢粗壮脚步沉。
hái zi shēng bìng zhǎo dài fu
孩子生病找大夫，
dài fu miào shǒu néng huí chūn
大夫妙手能回春。
hū rán tiào chū shān dài wang
忽然跳出山大王，
yě lái kàn bìng bǎ yī xún
也来看病把医寻。

dà 大：大小　大人　大象　大厅

dài 大：大夫　山大王

单

扫码听儿歌

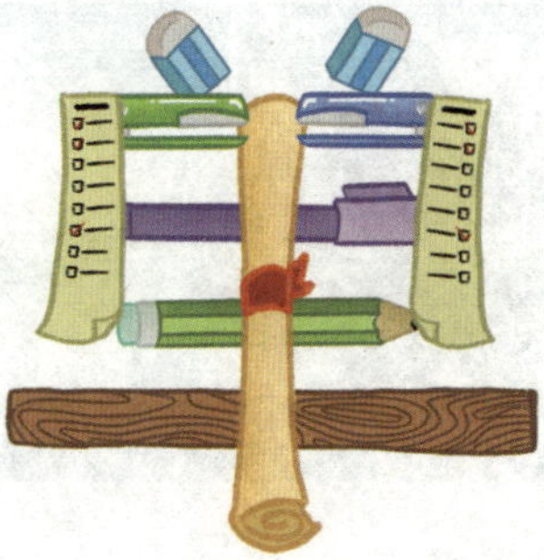

dú zì yì rén hěn gū dān
独自一人很孤**单**，

zhǎo gè péng you lái zuò bàn
找个朋友来作伴。

péng you lǎo jiā zài shàn xiàn
朋友老家在**单**县，

ài hē yáng tāng yě xìng shàn
爱喝羊汤也姓**单**。

tā shuō hǎo yáng nèi měng chū
他说好羊内蒙出，

hàn dài xiōng nú zài nà biān
汉代匈奴在那边。

xiōng nú jūn zhǔ jiào chán yú
匈奴君主叫**单**于，

xǐ huan chī ròu huī mǎ biān
喜欢吃肉挥马鞭。

chán **单**：单于

dān **单**：单独　孤单　单个　单纯

shàn **单**：单县　单姓

倒

多音字篇

扫码听儿歌

xiǎo hóu hé biān zuò zǎo cāo
小猴河边做早操，

shuāng shǒu dào lì chěng yīng háo
双手倒立逞英豪。

dào lì hái néng dào tuì zǒu
倒立还能倒退走，

shuí néng bǐ wǒ zuò de hǎo
谁能比我做得好？

yì zhī wén zi bǎ tā yǎo
一只蚊子把它咬，

cì yang nán nài jiù shuāi dǎo
刺痒难耐就摔倒。

wén zi wēng wēng chàng gāo diào
蚊子嗡嗡唱高调，

bǎ nǐ dǎ dǎo jiù yì miǎo
把你打倒就一秒。

dǎo
倒

摔倒 打倒 倒塌 倒台

dào
倒

倒立 倒影 倒水 倒退

得

多音字篇

扫码听儿歌

xiǎo jī fēi děi yào xǐ zǎo
小鸡非得要洗澡，

lái dào hé biān wǎng xià tiào
来到河边往下跳。

děi kuī xiǎo hóu pǎo de kuài
得亏小猴跑得快，

shēn shǒu yì lāo zhuā zhù jiǎo
伸手一捞抓住脚。

xiǎo hóu dé yì bǎ zuǐ qiào
小猴得意把嘴翘，

sǔn de xiǎo jī zhí hài sào
损得小鸡直害臊。

dé le dé le bié shuō le
得了得了别说了，

nǐ jiù ráo wǒ zhè yì zāo
你就饶我这一遭。

dé 得：得到　得失　得当　得体

de 得：记得　觉得　不由得　说得好

děi 得：得亏　非得　真得　总得

的

多音字篇

扫码听儿歌

shuí shuō de wǒ shuō de
谁说**的**？我说**的**，

xiǎo hóu dí què shì duì de
小猴**的**确是对**的**。

tā shuō shān táo shú de wǎn
它说山桃熟得晚，

yīn wèi shān shang qì wēn hán
因为山上气温寒。

bú xìn zán jiù guò qù kàn
不信咱就过去看，

dǎ gè dī shì yě bù yuǎn
打个**的**士也不远。

dà jiā shè hǎo mù dì dì
大家设好目**的**地，

dǎ dī chū fā xiàng yuǎn shān
打**的**出发向远山。

de **的**：好的　我的　大的　当家的

dī **的**：的士　打的

dí **的**：的确　的确良

dì **的**：目的　标的　有的放矢　众矢之的

都

多 音 字 篇

扫码听儿歌

yǔ wén hǎo, shù xué hǎo,
语文好，数学好，

gè kē chéng jì dōu tǐng hǎo.
各科成绩**都**挺好。

mā ma jiǎng lì qù lǚ xíng,
妈妈奖励去旅行，

shǒu dū běi jīng zhēn rè nao.
首**都**北京真热闹。

chē duō rén duō yǒu diǎnr chǎo,
车多人多有点儿吵，

lóu fáng gè gè dōu tǐng gāo.
楼房个个**都**挺高。

mā ma wèn wǒ xiǎng chī shá,
妈妈问我想吃啥，

dòu zhī bào dǔ hé kǎo yā.
豆汁、爆肚和烤鸭。

dōu **都**：全都　都要　都不错　都来了

dū **都**：都市　首都　国都　都城

度

扫码听儿歌

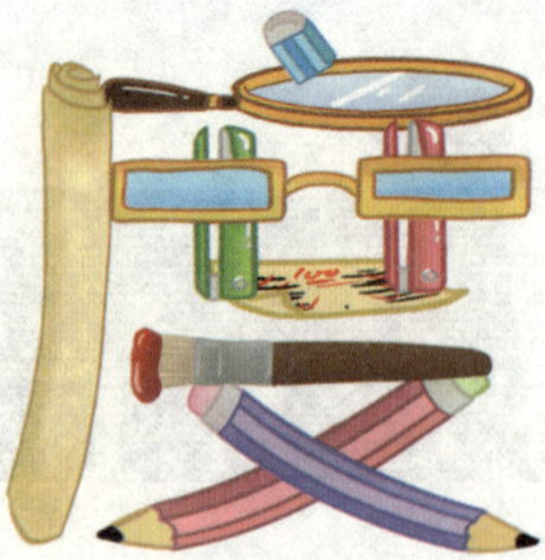

xiǎo hóu dù jià qù hǎi kǒu
小猴度假去海口，

yù dào yì qún dà huáng gǒu
遇到一群大黄狗。

huáng gǒu wèn tā chǒu shén me
黄狗问它瞅什么，

xià de xiǎo hóu máng dī tóu
吓得小猴忙低头。

shěn shí duó shì dǎ bu guò
审时度势打不过，

zhǎo zhǔn jī huì jiù kāi liū
找准机会就开溜。

kuài zǒu kuài zǒu kuài kuài zǒu
快走快走快快走，

fēng dù zǎo jiù pāo nǎo hòu
风度早就抛脑后。

dù 度：刻度 程度 温度 风度

duó 度：揣度 忖度 审时度势

发

多音字篇

扫码听儿歌

F

xiǎo mǎ tà qīng zǎo chū fā
小马踏青早出**发**，

lù biān xiǎo cǎo yǐ fā yá
路边小草已**发**芽。

hū rán yí zhèn chūn fēng lái
忽然一阵春风来，

chuī lǜ liǔ shù cháng tóu fa
吹绿柳树长头**发**。

qián miàn yòu yǒu xīn fā xiàn
前面又有新**发**现，

yáng guāng dǐ xià fàng guāng huá
阳光底下放光华。

shuǎi dòng cháng fà kào jìn kàn
甩动长**发**靠近看，

yuán lái shì duǒ xiǎo huáng huā
原来是朵小黄花。

fā
发

发射　发放　发芽　发散

fà
发

头发　短发　理发　千钧一发

分

多音字篇

扫码听儿歌

chūn fēn shí jié liǔ sè xīn
春分时节柳色新，

zhé gēn liǔ zhī sòng xíng rén
折根柳枝送行人。

péng you fēn bié nán jù shǒu
朋友分别难聚首，

qíng fèn cháng liú bǐ cǐ xīn
情分长留彼此心。

ná chū yí chuàn pí pa guǒ
拿出一串枇杷果，

chá hǎo shù liàng lái jūn fēn
查好数量来均分。

nǐ yí gè lái wǒ yí gè
你一个来我一个，

huà tán zhǐ ké yòu shēng jīn
化痰止咳又生津。

fēn 分：分开　分界　区分　春分

fèn 分：分外　成分　情分　恰如其分

冷知识课堂

不三不四，为什么不是不一不二？

三和四招惹谁了，为什么被人否定？倒霉的怎么不是一和二，或者五和六？

不三不四和《易经》卜卦有关。《易经》一共有六十四卦，每一卦都有六爻。一、二爻代表地，三、四爻代表人，五、六爻代表天，合起来就是天、地、人三才之道。

说人不三不四，就是说他不像个人，不走人该走的正道，走的是歪门邪道。

三更半夜中的“三更”指什么？

“更”是打更的意思。古时候没有钟表，到了晚上，官府雇人沿街敲竹筒报时，这就叫“打更”。

古人把夜晚分成五个时间段，首尾和中间的三个节点打更报时，所以叫作五更。三更就是在当天的23点到第二天的1点，和半夜的时间相同，因此有了三更半夜这个成语。

冷知识课堂

三长两短是哪“三长”、哪“两短”？

要我说三长就是头发长、指甲长、上课时间长，两短就是嫌自己腿短、玩得时间短。

才不是这样呢。三长两短和棺材有关。棺材总共六块板，上下左右是四块长板，前后是两块短板，组成一个长方体。为什么不说四长两短呢？因为棺材盖是人死后才盖上的，所以人们只称棺材是三长两短。

到了后来，三长两短成了死亡、灾祸、意外的一种婉转说法。

无奸不商最初指给客人点儿添头

这个词好理解，商人是做买卖的，一个个都是非常的狡猾，缺个斤短个两，变着法儿地蒙人。

你要是这么理解，可是冤枉商人们了，因为这个成语被人篡改过，原来的是“无尖不商”。

古代米商卖米的时候，是用斗量的，量完之后，米商再往上撒两把米作添头，让斗里的米冒尖儿，顾客高兴，商人的生意自然就好了。后来，其他行业的商人受到启发，也以各种形式给客人让利，于是便有了“无尖不商”的说法。

缝

多音字篇

扫码听儿歌

xiǎo hóu shǒu qiǎo zuò cái feng
小猴手巧做裁缝，

féng féng bǔ bǔ shǒu yì jīng
缝缝补补手艺精。

xiǎo gǒu kù zi kāi gè fèng
小狗裤子开个缝，

qǐng tā bāng máng bǎ fèng féng
请它帮忙把缝缝。

xiǎo zhū yě lái còu rè nao
小猪也来凑热闹，

tā de kù zi pò gè dòng
它的裤子破个洞。

nǐ zhè shì dòng bú shì fèng
你这是洞不是缝，

gěi nǐ dǎ gè dà bǔ ding
给你打个大补丁。

féng 缝：缝补　缝合　缝制　缝缀

fèng 缝：缝隙　裂缝　见缝插针　天衣无缝

干

多音字篇

扫码听儿歌

G

wǒ bāng mā ma bǎ huór gàn
我帮妈妈把活儿干，

hāi yō hāi yō máng chū hàn
嗨哟嗨哟忙出汗。

ná tiáo máo jīn hàn cā gān
拿条毛巾汗擦干，

lèi le lái kuài xiǎo bǐng gān
累了来块小饼干。

zhí jié liǎo dàng shì gān cuì
直截了当是干脆，

shuō gàn jiù gàn shì gàn liàn
说干就干是干练。

yǒu huór nǐ jiù zhuā jǐn gàn
有活儿你就抓紧干，

bú yào mó ceng hé tuō yán
不要磨蹭和拖延。

gān 干：干燥　干净　饼干　干扰

gàn 干：干活儿　干练　树干　干警

杆

多音字篇

扫码听儿歌

xiǎo hóu shàng kè shuǎ bǐ gǎn
小猴上课耍笔杆，

shǒu zhōng bǐ gǎn xì yòu duǎn
手中笔杆细又短。

shǒu fǎ xián shú zhuǎn zhǐ jiān
手法娴熟转指间，

lǎo shī hǎn tā qù fá zhàn
老师喊它去罚站。

cāo chǎng shàng miàn yǒu qí gān
操场上面有旗杆，

qí gān cū cháng cāo chǎng kuān
旗杆粗长操场宽。

xiǎo hóu tān wán pǎo guo qu
小猴贪玩跑过去，

pá shàng qí gān gēn tou fān
爬上旗杆跟头翻。

gān 杆：旗杆 桅杆 栏杆 标杆

gǎn 杆：笔杆 秤杆 杠杆 枪杆

给

多音字篇

扫码听儿歌

fēn gěi xiǎo zhū yí kuài dì
分**给**小猪一块地，

zhòng shàng huáng dòu hé yù mǐ
种上黄豆和玉米。

xīn qín gēng yún dà fēng shōu
辛勤耕耘大丰收，

zì jǐ zì zú hěn mǎn yì
自**给**自足很满意。

liáng shi duō de chī bu liǎo
粮食多得吃不了，

fēn gěi péng you hé huǒ bàn
分**给**朋友和伙伴。

dà jiā gěi tā diǎn gè zàn
大家**给**它点个赞，

huān huān xǐ xǐ zuò yóu xì
欢欢喜喜做游戏。

gěi
给

送给　交给　献给　给力

jǐ
给

补给　供给　配给　自给自足

更

多音字篇

扫码听儿歌

gèng kuài gèng gāo hé gèng qiáng
更快更高和更强，

tǐ yù jīng shén fàng guāng máng
体育精神放光芒。

xiǎo zhū wǔ gēng lái duàn liàn
小猪五更来锻炼，

hāi yō hāi yō pá shān gāng
嗨哟嗨哟爬山冈。

nǔ lì gǎi diào huài xí guàn
努力改掉坏习惯，

bú shuì lǎn jiào bú niào chuáng
不睡懒觉不尿床。

tiān tiān gēng xīn tiān tiān liàn
天天更新天天练，

gèng shàng céng lóu yǒu lì liàng
更上层楼有力量。

gēng 更：更改　更换　更正　三更半夜

gèng 更：更加　更快　更高　更胜一筹

供

多音字篇

扫码听儿歌

xiǎo zhū qīng chén qù mǎi liáng
小猪清晨去买粮，
tīng shuō liáng shǎo gōng bu shàng
听说粮少**供**不上。
píng shí dōu shì àn jīn mǎi
平时都是按斤买，
xiàn zài lùn dài wǎng jiā káng
现在论袋往家扛。
gōng bú yìng qiú rén xīn huāng
供不应求人心慌，
gōng xū píng héng cái zhèng cháng
供需平衡才正常。
rú guǒ gǎn shàng dà zāi huāng
如果赶上大灾荒，
shàng gòng shāo xiāng yě bái máng
上**供**烧香也白忙。

gōng 供：供给　供应　供需　供不应求

gòng 供：上供　供奉　供品　供认

还

多音字篇

扫码听儿歌

H

jiè rén dōng xi àn shí huán
借人东西按时**还**，

xià cì zài jiè cái bù nán
下次再借才不难。

chǐ zi xiàng pí hé qiān bǐ
尺子、橡皮和铅笔，

pián yi zài xiǎo yě bú zhàn
便宜再小也不占。

nǐ bāng máng lái tā huán lǐ
你帮忙来它**还**礼，

qǐng nǐ chū qù chī wǎn miàn
请你出去吃碗面。

chī le yì wǎn hái bú gòu
吃了一碗**还**不够，

hái yào zài chī dì èr wǎn
还要再吃第二碗。

hái **还**：还有　还是　还好　还行

huán **还**：归还　偿还　还击　返老还童

好

扫码听儿歌

hào chī lǎn zuò xiǎo zhū pàng
好吃懒做小猪胖，

jiā lǐ qióng de dīng dāng xiǎng
家里穷得叮当响。

hǎo yǒu xiǎo gǒu rè xīn cháng
好友小狗热心肠，

quàn shuō xiǎo zhū yào fèn qiáng
劝说小猪要奋强。

shuāng shǒu qín láo néng zhì fù
双手勤劳能致富，

niàng chū hǎo jiǔ fèn wài xiāng
酿出好酒分外香。

xiǎo zhū tīng quàn zhǎo huór gàn
小猪听劝找活儿干，

měi hǎo shēng huó lái xiāng bàn
美好生活来相伴。

hǎo 好：好人　友好　好事多磨　好自为之

hào 好：爱好　喜好　好整以暇　好吃懒做

虾

多音字篇

扫码听儿歌

扫二维码观看
汉字小动画

há ma yù dào xiǎo lóng xiā
虾蟆遇到小龙虾，

yí dòng bú dòng dīng zhe tā
一动不动盯着它。

lóng xiā nǎo nù xiǎng dǎ jià
龙虾恼怒想打架，

há ma há ma nǐ chǒu shá
虾蟆虾蟆你瞅啥？

há ma zhāng zuǐ pū guo qu
虾蟆张嘴扑过去，

bú liào zuǐ ba bèi qián jiā
不料嘴巴被钳夹。

āi yō āi yō kuài fàng xià
哎哟哎哟快放下，

há ma wǒ xiǎng yào huí jiā
虾蟆我想要回家。

há 虾：虾蟆　虾蟆油　虾蟆功

xiā 虾：对虾　龙虾　虾米　虾兵蟹将

汗

扫码听儿歌

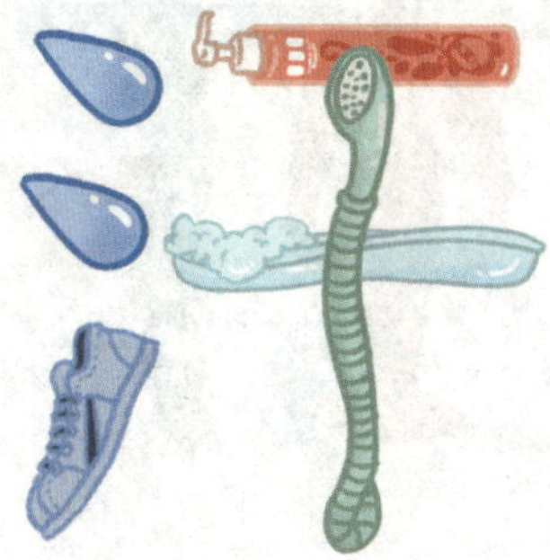

qín fèn de rén hào liú hàn
勤奋的人好流汗，

dī dī hàn shuǐ lái jiāo guàn
滴滴汗水来浇灌。

jiāo chū xìng fú huā ér kāi
浇出幸福花儿开，

jiāo chū míng tiān gèng càn làn
浇出明天更灿烂。

hàn zì hái néng dú zuò
“汗”字还能读作“hán”，

kè hán dà hán zài cǎo yuán
可汗、大汗在草原。

chéng jí sī hán shì tiān jiāo
成吉思汗是天骄，

hái néng wān gōng shè dà diāo
还能弯弓射大雕。

hán 汗：可汗　大汗　成吉思汗

hàn 汗：汗水　汗珠　出汗　汗流浃背

shuō gàn jiù gàn

说干就干

shuō gàn jiù gàn

说干就干： 表示立刻行动，毫不犹豫。

例句： 说干就干，猪小戒拿起扫帚就开始打扫卫生。

gān gān

如果你错读成了**说干就干**……

“干”是一个多音字。当“干”读成“gàn”的时候，意思是事物的主体或主要部分，做事、担任，办事能力强等；当“干”读成“gān”的时候，意思是没有水分或者水分很少，加工制成的干的食品等。

guī huán
归还

guī huán
归还：意思是把人或物送回原主、原地。
例句：猪小戒借同学的东西，会及时归还。

如果你错读成了归还（hái）……

“还”是一个多音字。当“还”读作“hái”时，表示现象继续存在或者动作继续进行中。比如还有、他还在工作等。当“还”读作“huán”时，意思是返回原来的地方或恢复原来的状态，归还，回报别人对自己的行动等，比如还书。

号

多音字篇

扫码听儿歌

kuáng fēng nù háo dà yǔ dào
狂风怒号大雨到，

xiǎo zhū hài pà wǎng jiā pǎo
小猪害怕往家跑。

jìn mén xū yào duì àn hào
进门需要对暗号，

chuī qǐ xiǎo hào bié pǎo diào
吹起小号别跑调。

dī dā dī dā diào bú duì
嘀嗒嘀嗒调不对，

jí de xiǎo zhū zhí āi háo
急得小猪直哀号。

dī dī dā dā diào duì le
嘀嘀答答调对了，

lè de xiǎo zhū dà shēng jiào
乐得小猪大声叫。

háo 号：呼号　号叫　哀号　狂风怒号

hào 号：号角　吹号　号召　称号

和

扫码听儿歌

xiǎo zhū jiā li hěn nuǎn huo
小猪家里很暖**和**，

huó miàn zuò fàn jǐn máng huo
和面做饭紧忙活。

péng you lái le dǎ má jiàng
朋友来了打麻将，

yì shēng hú le xiào hē hē
一声“**和**了”笑呵呵。

xiǎo zhū chàng gē xiǎo hóu hè
小猪唱歌小猴**和**，

pāi zi chàng cuò qǐ fēng bō
拍子唱错起风波。

xiǎo jī máng lái huò xī ní
小鸡忙来**和**稀泥，

hé hé qì qì duō kuài lè
和和气气多快乐。

hé **和**：和气　和平　和睦　和谐

hè **和**：附和　应和　唱和　曲高和寡

hú **和**：和了

huó **和**：和面

huò **和**：和药　和稀泥

喝

多音字篇

扫码听儿歌

扫二维码观看
汉字小动画

xiǎo zhū diàn shì kàn zhí bō
小猪电视看直播，

dà shēng hè cǎi zhēn kuài huo
大声**喝**彩真快活。

sǎng ménr mào yān kǒu zhōng kě
嗓门儿冒烟口中渴，

duān qǐ chá hú bǎ shuǐ hē
端起茶壶把水**喝**。

hū tīng yǒu rén lái qiāo mén
忽听有人来敲门，

lín jū xiǎo jī bǎ tā shuō
邻居小鸡把它说。

hè cǎi shēng dà yǐ rǎo mín
喝彩声大已扰民，

zhè yàng yǒu diǎnr tài quē dé
这样有点儿太缺德。

hē **喝**：喝水　喝茶　喝酒　吃喝玩乐

hè **喝**：喝彩　喝令　喝问　吆五喝六

横

扫码听儿歌

páng xiè héng xíng tǐng wēi fēng
螃蟹**横**行挺威风，

tiān é jiàn le xiàn mù zhōng
天鹅见了羡慕中。

héng zhe nuó bù bǎ wǔ tiào
横着挪步把舞跳，

shuāng jiǎo lèi de kě bù qīng
双脚累得可不轻。

hú li tōu tōu pǎo guo lai
狐狸偷偷跑过来，

tiān é jīng kǒng xiǎng táo shēng
天鹅惊恐想逃生。

kě xī shuāng jiǎo mài bu dòng
可惜双脚迈不动，

fēi lái hèng huò zhēn yào mìng
飞来**横**祸真要命。

héng 横：纵横　横行　横幅　才华横溢

hèng 横：蛮横　骄横　专横　飞来横祸

会

多音字篇

扫码听儿歌

xiǎo yǔ jīng míng huì suàn zhàng
小雨精明会算账，

suàn pán dǎ de pā pā xiǎng
算盘打得啪啪响。

kǎo xià zhù cè kuài jì shī
考下注册会计师，

gōng zuò wěn dìng shōu rù hǎo
工作稳定收入好。

jiù shì kāi huì ràng rén fán
就是开会让人烦，

dà huì xiǎo huì pái chéng háng
大会小会排成行。

hā qian lián tiān méi rěn zhù
哈欠连天没忍住，

huì xīn yí xiào dōu zhè yàng
会心一笑都这样。

huì 会：会合　会议　开会　机会

kuài 会：会计　会计师　财会　会稽

哄

扫码听儿歌

lù miàn shī huá hái yǒu kēng
路面湿滑还有坑，

xiǎo zhū shuāi dǎo qì hēng hēng
小猪摔倒气哼哼。

péng you xiǎo jī bǎ tā **hǒng**
朋友小鸡把它**哄**，

shuāi zài nǎ lǐ téng bu téng
摔在哪里疼不疼？

yì qún má què lái qǐ **hòng**
一群麻雀来起**哄**，

qī zuǐ bā shé nào **hōng hōng**
七嘴八舌闹**哄哄**。

xiǎo zhū shēng qì bǎ yǎn dèng
小猪生气把眼瞪，

yí **hòng** ér sàn què wú zōng
一**哄**而散雀无踪。

hōng **哄**：哄笑　哄抢　闹哄哄　哄堂大笑

hǒng **哄**：哄骗　哄逗　哄劝　哄小孩儿

hòng **哄**：起哄　一哄而散

奇

扫码听儿歌

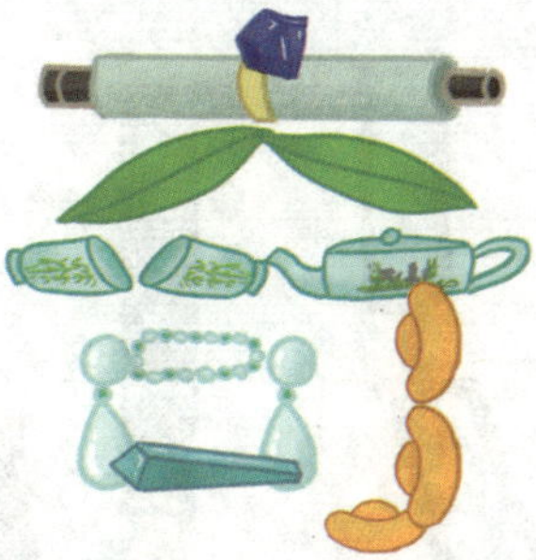

J

dān shù shì jī shuāng shù ǒu
单数是奇双数偶，

jī shù yī sān wǔ
奇数一、三、五……

ǒu shù èr sì liù
偶数二、四、六……

nǐ shuō qí guài bù qí guài
你说奇怪不奇怪，

yī èr sān sì wǔ liù qī
一、二、三、四、五、六、七……

jī ǒu jī ǒu āi zhe zǒu
奇偶奇偶挨着走。

jī 奇：奇数　奇偶

qí 奇：奇怪　奇异　惊奇　传奇

几

扫码听儿歌

yáng guāng sǎ zài fáng jiān li
阳光洒在房间里，

fáng li yǒu dèng yě yǒu jī
房里有凳也有几。

chá jī shàng miàn yǒu xiǎo jī
茶几上面有小鸡，

jī jī jī jī chī dōng xi
叽叽叽叽吃东西。

xiǎo jī yí gòng yǒu jǐ zhī
小鸡一共有几只？

yī èr sān sì wǔ liù qī
一、二、三、四、五、六、七……

jī 几：茶几　几案　几乎　窗明几净

jǐ 几：几何　几个　几岁　相差无几

系

多音字篇

扫码听儿歌

xiǎo zhū tān shuì qǐ de jí
小猪贪睡起得急，

kòu zi jì cuò shàng xué qù
扣子系错上学去。

lù rén jiàn le wǔ zuǐ xiào
路人见了捂嘴笑，

zhè ge zào xíng zhēn qí tè
这个造型真奇特。

fēng fēng huǒ huǒ jìn bān jí
风风火火进班级，

bān jí jiù zài huà xué xì
班级就在化学系。

tóng xué jiàn le hōng táng xiào
同学见了哄堂笑，

xiào shēng fēi chū tài yáng xì
笑声飞出太阳系。

告别错别字

假

多音字篇

扫码听儿歌

xué xiào yì nián liǎ cháng jià
学校一年俩长假，
hán jià guò hòu shì shǔ jià
寒假过后是暑假。
yǒu shì bù néng lái shàng kè
有事不能来上课，
jí shí qǐng jià zhāo hu dǎ
及时请假招呼打。
tǎn tǎn dàng dàng shuō zhēn huà
坦坦荡荡说真话，
shí shì qiú shì bù xū jiǎ
实事求是不虚假。
bú yào sā huǎng shuō jiǎ huà
不要撒谎说假话，
nòng xū zuò jiǎ rén pǐn chà
弄虚作假人品差。

jiǎ 假：真假　假话　假货　假如

jià 假：放假　假期　寒假　请假

hè cǎi

喝彩

hè cǎi

喝彩：意思是指赌博掷骰子，呼喝作势，希望中彩，后用以大声叫好。

例句：猪小戒的歌声赢来了满堂喝彩。

hē

如果你错读成了喝彩……

"喝"是一个多音字。当"喝"读作"hē"的时候，表示把液体或流食咽下去；当"喝"读作"hè"的时候，表示高声叫，比如喝彩等。

jì xié dài

系鞋带

jì xié dài

系鞋带：把鞋带打个结。

例句：猪小戒教妹妹系鞋带。

如果你错读成了系(xì)鞋带……

“系”是一个多音字。当“系”读作“xì”的时候，意思有关联、联结、牵挂、栓等；当“系”读作“jì”的时候，意思是指结、扣等。

间

多音字篇

扫码听儿歌

shū zhuō zhōng jiān huà tiáo xiàn
书桌中间画条线，

tóng zhuō niǔ tóu yào fān liǎn
同桌扭头要翻脸。

cóng cǐ yǐ hòu bù lǐ nǐ
从此以后不理你，

jiè zǒu de xiàng pí kuài guī huán
借走的橡皮快归还。

dī tóu péi zuì shuō ruǎn huà
低头赔罪说软话，

tóng xué qíng yì bú jiàn duàn
同学情谊不间断。

cā diào zhōng jiān zhè tiáo xiàn
擦掉中间这条线，

hé hǎo rú chū lù xiào liǎn
和好如初露笑脸。

jiān 间：中间　房间　田间　空间

jiàn 间：间断　间接　间隔　间隙

将

多音字篇

扫码听儿歌

jiāng lái zhǎng dà yào gàn shá
将来长大要干啥？

tóng xué fēn fēn bǎ yán fā
同学纷纷把言发：

xiǎo zhū yào dāng měi shí jiā
小猪要当美食家，

chī biàn měi shí zǒu tiān xià
吃遍美食走天下；

xiǎo jī xǐ huan xià xiàng qí
小鸡喜欢下象棋，

zǒu mǎ jiāng jūn hěn xiāo sǎ
走马**将**军很潇洒；

xiǎo hóu mèng xiǎng dāng shàng jiàng
小猴梦想当上**将**，

zhǐ huī qiān jūn hé wàn mǎ
指挥千军和万马。

jiāng **将**：将来　将要　即将　将心比心

jiàng **将**：将领　将帅　上将　残兵败将

降

多音字篇

扫码听儿歌

dí rén wán kàng bù tóu xiáng
敌人顽抗不投降，

wǒ jūn duì zhèng chū qí fāng
我军对症出奇方。

kōng jūn dǎ kāi jiàng luò sǎn
空军打开降落伞，

hǎo sì shén bīng cóng tiān jiàng
好似神兵从天降。

chū qí bú yì pò dí dǎn
出其不意破敌胆，

shén sè huāng zhāng wàng dǐ kàng
神色慌张忘抵抗。

jiāo chū wǔ qì jǔ qǐ shǒu
交出武器举起手，

guāi guāi tóu xiáng méi shāng liang
乖乖投降没商量。

jiàng 降：下降　降临　降低　降落伞

xiáng 降：投降　劝降　招降　降龙伏虎

教

扫码听儿歌

lǎo shī shàng kè bǎ shū jiāo
老师上课把书**教**，

rèn zhēn tīng jiǎng bié hú nào
认真听讲别胡闹。

xué xí zhī shi běn lǐng qiáng
学习知识本领强，

bú huì jiù yào duō qǐng jiào
不会就要多请**教**。

bù dǒng zhuāng dǒng zuì yú chǔn
不懂装懂最愚蠢，

líng huó yùn yòng bié jiào tiáo
灵活运用别**教**条。

tí gāo xué shí hé jiào yǎng
提高学识和**教**养，

jiàn kāng chéng zhǎng zhì qì gāo
健康成长志气高。

jiāo **教**：教授　教课　教书育人

jiào **教**：教师　教导　请教　因材施教

角

扫码听儿歌

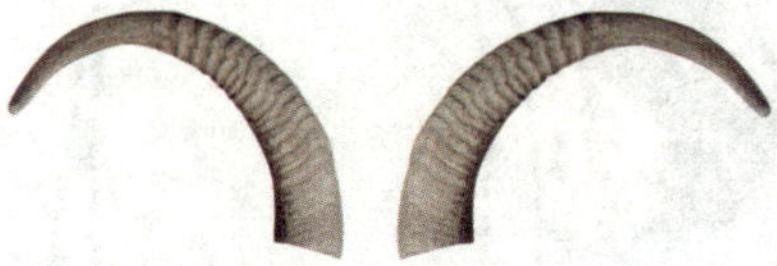

xiǎo yáng zhǎng dà tóu shēng jiǎo
小羊长大头生**角**，
yào hé tóu yáng zhēng míng hào
要和头羊争名号。
yáng qún shǒu lǐng zhǐ yí gè
羊群首领只一个，
jué lì shèng chū shì yīng háo
角力胜出是英豪。
liǎng yáng jué zhú měng yòng lì
两羊**角**逐猛用力，
bēn pǎo jiā sù jiǎo duì jiǎo
奔跑加速**角**对**角**。
xiǎo yáng bù dí bài xià zhèn
小羊不敌败下阵，
tóu shang shé le yì zhī jiǎo
头上折了一只**角**。

jiǎo 角：羊角　菱角　墙角　直角

jué 角：角色　名角　角力　角逐

觉

扫码听儿歌

jué zì yì si yǒu diǎnr rào
"觉"字意思有点儿绕，

zhǐ shuì xǐng yě zhǐ shuì zháo
指睡醒也指睡着。

zhǐ shuì xǐng shí dú zuò
指睡醒时读作"jué"，

jué xǐng jué wù hé gǎn jué
觉醒、觉悟和感觉，

huā luò chūn mián bù jué xiǎo
花落春眠不觉晓。

zhǐ shuì zháo shí dú zuò
指睡着时读作"jiào"，

kùn jiào wǔ jiào hé shuì jiào
困觉、午觉和睡觉，

zhōu mò shuì gè dà lǎn jiào
周末睡个大懒觉。

jué 觉：觉醒　觉得　感觉　视觉

jiào 觉：睡觉　午觉　睡懒觉　囫囵觉

校

多音字篇

扫码听儿歌

xué xiào wèi shá jiào zuò xiào
学校为啥叫作“校”，

qí zhōng dào lǐ kě zhī dào
其中道理可知道？

xué shēng jiù xiàng xiǎo shù miáo
学生就像小树苗，

yòng xīn péi yǎng bǎ shuǐ jiāo
用心培养把水浇。

rú guǒ shù miáo zhǎng de wāi
如果树苗长得歪，

jiù děi fú zhèng xiū jiǎn hǎo
就得扶正修剪好。

fú zhèng qí shí jiù shì jiào
扶正其实就是“校”，

jiào zhèng máo bìng zhǎng de gāo
校正毛病长得高。

jiào 校：校对　校订　校正　校勘

xiào 校：学校　院校　校园　校长

劲

扫码听儿歌

shuāi jiāo bǐ sài lái bào míng
摔跤比赛来报名，

xiǎo zhū yào ná dì yī míng
小猪要拿第一名。

hāi yō hāi yō jìn tóu zú
嗨哟嗨哟**劲**头足，

qǐ jìn xùn liàn bú fàng sōng
起**劲**训练不放松。

jìng dí xiǎo xióng yǒu běn lǐng
劲敌小熊有本领，

hún shēn shì jìn dòng zuò měng
浑身是**劲**动作猛。

xiǎo zhū xiǎo xióng biē zú jìn
小猪、小熊憋足**劲**，

kàn shuí bǐ sài néng chēng xióng
看谁比赛能称雄。

jìn **劲**：使劲　费劲　劲头　起劲

jìng **劲**：强劲　苍劲　刚劲　劲敌

卡

多音字篇

扫码听儿歌

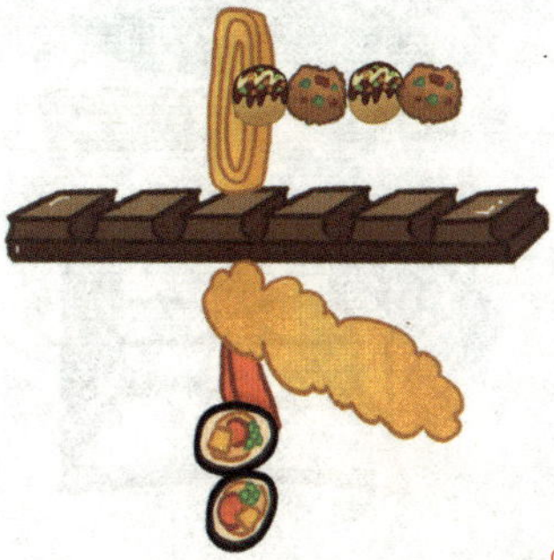

K

qiǎ zì bú shàng yě bú xià
“卡”字不上也不下，

qiǎ zài zhōng jiān shè guān qiǎ
卡在中间设关卡。

lái wǎng xíng rén děi dēng jì
来往行人得登记，

chē liàng yě yào shòu jiǎn chá
车辆也要受检查。

dú zuò shí zhǐ kǎ piàn
读作“kǎ”时指卡片，

mén kǎ fàn kǎ xìn yòng kǎ
门卡、饭卡、信用卡。

xué shēng dài zhe xué shēng kǎ
学生带着学生卡，

hái yǒu kǎ chē bǎ huò lā
还有卡车把货拉。

kǎ 卡：卡车　卡片　卡通　信用卡

qiǎ 卡：关卡　卡子　发卡　卡脖子

看

多音字篇

扫码听儿歌

yǎn jing shàng miàn yì zhī shǒu
眼睛（目）上面一只手，

shǒu dā liáng péng yuǎn chù chǒu
手搭凉棚远处瞅。

hǎo fēng hǎo jǐng quán kàn dào
好风好景全**看**到，

yè wǎn kàn shū hǎo shí hou
夜晚**看**书好时候。

kàn shū zuò bàn yǒu xiǎo gǒu
看书做伴有小狗，

kān jiā hù yuàn zuì ná shǒu
看家护院最拿手。

yǒu rén kàn wàng lái qiāo mén
有人**看**望来敲门，

wāng wāng bào xìn jiào bù xiū
汪汪报信叫不休。

kān 看：看门　看家　看守　看护

kàn 看：看见　看到　看书　看望

jué sè

角色

jué sè

角色：戏剧、影视中，演员扮演的剧中人物。

例句：猪小戒是这出戏中最重要的角色。

jiǎo

如果你错读成了角色……

“角”是一个多音字。当读作“jiǎo”的时候，意思是指牛、羊等头上长出来的坚硬的东西，形状像角的东西；古时候军中吹的乐器等。当读作“jué”的时候，有竞赛、角色等意思，如主角。

jìng dí
劲敌

劲敌（jìng dí）**：** 意思是强劲、棘手的敌人或对手。

例句： 板牙妹在学习上遇到了一个劲敌。

如果你错读成了劲（jìn）敌……

“劲”是一个多音字。当“劲”读作“jìn”的时候，常用来表示力气、精神、情绪等，比如使劲、干劲等。当“劲”读作“jìng”的时候，有强健、有力，刚强、正直等意思。比如劲敌、强劲等。

空

多音字篇

扫码听儿歌

yí kuài kòng dì wú rén zhòng
一块空地无人种，

xiǎo zhū xīn qín bǎ tián gēng
小猪辛勤把田耕。

zhōng wǔ tiān kōng tài yáng shài
中午天空太阳晒，

wǎn shang yè kōng kàn xīng xing
晚上夜空看星星。

qiū tiān liáng shi dà fēng shōu
秋天粮食大丰收，

péng you bāng máng yùn jiā zhōng
朋友帮忙运家中。

xiǎo zhū kòng chū yì jiān fáng
小猪空出一间房，

liáng shi zhuāng de mǎn dēng dēng
粮食装得满登登。

kōng 空：天空　空气　空军　空口无凭

kòng 空：空白　空闲　空缺　空地

乐

扫码听儿歌

L

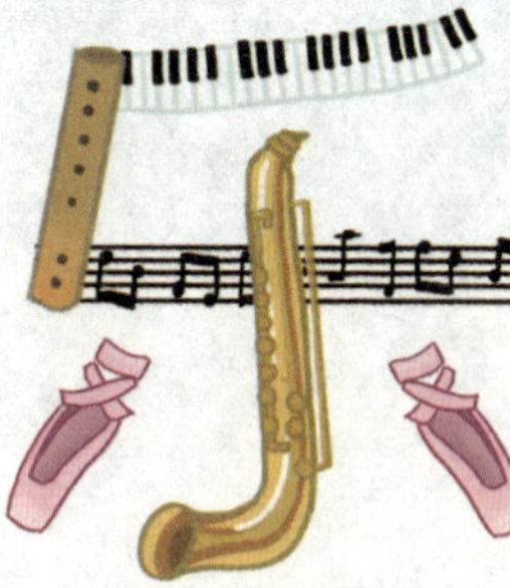

xiǎo jī dǎ suàn zǔ yuè duì
小鸡打算组**乐**队，

jiào shàng péng you lái kāi huì
叫上朋友来开会。

xiǎo hóu shuō tā huì tán qín
小猴说它会弹琴，

huáng lí shuō tā sǎng yīn měi
黄鹂说它嗓音美，

xiǎo zhū shuō tā huì qiāo gǔ
小猪说它会敲鼓，

shèng xià xiǎo jī lái zhǐ huī
剩下小鸡来指挥。

yuè duì chéng lì dà jiā lè
乐队成立大家**乐**，

gē shēng bàn zhe cǎi yún fēi
歌声伴着彩云飞。

lè **乐**：快乐　欢乐　乐观　助人为乐

yuè **乐**：音乐　乐曲　乐器　乐队

笼

多音字篇

扫码听儿歌

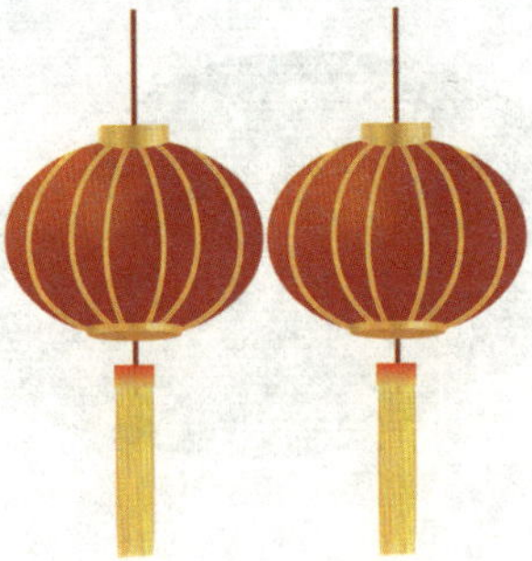

dà xuě lǒng zhào màn tiān kōng
大雪笼罩漫天空，

xiǎo zhèn rén jiā dēng huǒ míng
小镇人家灯火明。

jīn tiān gǎn shàng yuán xiāo jié
今天赶上元宵节，

zhēng yuè shí wǔ diǎn dēng long
正月十五点灯笼。

dà hóng dēng long gāo gāo guà
大红灯笼高高挂，

hái zi tí dēng jiē shàng xíng
孩子提灯街上行。

dà dēng long, xiǎo dēng long,
大灯笼，小灯笼，

zhào de rén liǎn hóng tóng tóng
照的人脸红彤彤。

lóng 笼：笼子　灯笼　鸟笼　蝈蝈笼

lǒng 笼：笼罩　笼盖　笼统　笼络人心

露

扫码听儿歌

xiǎo jī zuì jìn nào yǎn bìng
小鸡最近闹眼病，

lù shuǐ xǐ cā néng jiǎn qīng
露水洗擦能减轻。

xiǎo zhū dā ying bāng shōu jí
小猪答应帮收集，

tān shuì wù shí shōu bù chéng
贪睡误时收不成。

xìng kuī hái yǒu kuàng quán shuǐ
幸亏还有矿泉水，

dàng zuò lù shuǐ lái dài tì
当作**露**水来代替。

xiǎo hóu kàn dào jiē lù tā
小猴看到揭**露**它，

xiǎo zhū lòu xiànr liǎn tōng hóng
小猪**露**馅儿脸通红。

lù **露**：露天　露营　揭露　露水

lòu **露**：露面　露怯　泄露　露马脚

绿

多音字篇

扫码听儿歌

chì chéng huáng lǜ qīng lán zǐ
赤橙黄绿青蓝紫，

lǜ sè wèi yú zhèng dāng zhōng
绿色位于正当中。

xiàng zhēng shēng mìng zuì cháng jiàn
象征生命最常见，

lǜ shù lǜ cǎo mù chūn fēng
绿树、绿草沐春风。

hái yǒu yì yīn dú zuò
还有一音读作“lù”，

lù lín hǎo hàn shì yīng xióng
绿林好汉是英雄。

dōng běi yǒu gè yā lù jiāng
东北有个鸭绿江，

zhōng cháo biān jiè yù cōng cōng
中朝边界郁葱葱。

落

多音字篇

扫码听儿歌

diū sān là sì tài cū xīn
丢三落四太粗心，
gǎi diào zhè gè huài máo bìng
改掉这个坏毛病。
shuì mián zī shì bú duì jìn
睡眠姿势不对劲，
lào zhěn bó zi kě zhēn téng
落枕脖子可真疼。
chūn huā luò jìn guǒ chū jié
春花落尽果初结，
xià rì jiāo yáng gòu rè qíng
夏日骄阳够热情。
qiū fēng chuī luò zhī tóu yè
秋风吹落枝头叶，
dōng xuě màn tiān dì jié bīng
冬雪漫天地结冰。

là 落：落下　丢三落四

lào 落：落枕　落色　莲花落　落不是

luò 落：降落　落叶　落后　部落

脉

多音字篇

扫码听儿歌

M

xiǎo míng zháo liáng dù zi téng
小明着凉肚子疼，

lái dào yī yuàn kàn yī shēng
来到医院看医生。

shuāng shǒu qīng dā lái zhěn mài
双手轻搭来诊**脉**，

mài bó xū shí bìng yīn míng
脉搏虚实病因明。

yào dào bìng chú hǎo de kuài
药到病除好得快，

xiǎo míng diǎn zàn xiè bù tíng
小明点赞谢不停。

hái yǒu yì yīn dú zuò
还有一音读作“mò”，

yǎn shén mò mò hán zhēn qíng
眼神**脉脉**含真情。

mài **脉**：脉络　脉搏　诊脉　血脉相连

mò **脉**：脉脉含情

埋

扫码听儿歌

tóng xué yóu xì wán dǎ zhàng
同学游戏玩打仗，

xiǎo hóu xiǎo jī bǎ shēn cáng
小猴、小鸡把身藏。

děng dài shí jī gǎo tōu xí
等待时机搞偷袭，

mái fú qi lai bié shēng zhāng
埋伏起来别声张。

bí zi cì yang méi rěn zhù
鼻子刺痒没忍住，

ā tì yì shēng bào le guāng
阿嚏一声曝了光。

jì huà shī bài lào mán yuàn
计划失败落**埋**怨，

xiǎo hóu mái tóu kuì nán dāng
小猴**埋**头愧难当。

mái **埋**：掩埋　埋藏　埋伏　埋葬

mán **埋**：埋怨

蒙

扫码听儿歌

xiǎo zhū lǚ yóu qù nèi měng
小猪旅游去内蒙，

kàn rén shuāi jiāo xìng chōng chōng
看人摔跤兴冲冲。

qīn zì shàng chǎng lái tǐ yàn
亲自上场来体验，

sān xià liǎng xià bèi shuāi mēng
三下两下被摔蒙。

měng gǔ bāo li wán mō xiā
蒙古包里玩摸瞎，

yí kuài hēi bù bǎ yǎn méng
一块黑布把眼蒙。

mō lái mō qù mō bu dào
摸来摸去摸不到，

qì de xiǎo zhū zhí hēng heng
气得小猪直哼哼。

mēng 蒙：蒙骗　蒙头转向

méng 蒙：启蒙　蒙昧　蒙蔽　雾蒙蒙

měng 蒙：蒙古　内蒙

模

扫码听儿歌

xiǎo hóu jiǎn dào yí kuài biǎo
小猴捡到一块表，
shàng jiāo yào bǎ shī zhǔ zhǎo
上交要把失主找。
lǎo shī kuā tā zuò de hǎo
老师夸它做得好，
mó fàn zuò yòng hěn zhòng yào
模范作用很重要。
xiǎo hóu gāo xìng tuǐ fā piāo
小猴高兴腿发飘，
zhuāng mú zuò yàng tǐng gǎo xiào
装**模**作样挺搞笑。
mó fàn yào yǒu mó fàn yàng
模范要有**模**范样，
qiān xū jǐn shèn bié jiāo ào
谦虚谨慎别骄傲。

mó 模：模范　模仿　模型　楷模

mú 模：模子　模板　模具　装模作样

冷知识课堂

五大三粗是哪“五大”、哪“三粗”？

五大三粗，不会是五个大人里就有三个人粗鲁吧？这也太不文明了。

你理解错了。五大三粗是形容人高大粗壮、身材魁梧，和膀大腰圆是同义词。

“五大”指手大、脚大、耳朵大、肩膀宽、臀肥，“三粗”指腰粗、腿粗、脖颈粗。

一生一世中的“一世”指多少年?

一生嘛，就是一辈子，从出生到死，活多少年，一生就算多少年。

“世”原来指的是时间，“界”指的是空间，世界就是由时间和空间构成的。

一世是三十年，这可能和古人的平均寿命不到四十岁有关，一世差不多就是一辈子了。一世就是一生，于是有了“一生一世”这个成语。

冷知识课堂

凿壁偷光真的把墙壁凿个窟窿吗?

拿着大锤把水泥墙凿个窟窿，一锤八十、八十……凿墙的匡衡可不是金刚葫芦娃，没那么大的力气。

当时的人盖房子，是用夯实的土建的，这种方法就叫“夯土法”，墙壁也是夯土墙，远没有现在的砖墙那么结实。

如果是老房子，墙壁破损，上面会有很多裂缝和孔洞。匡衡如果再把孔洞扩大、深挖，是有可能把墙壁凿出个窟窿的。

八拜之交都是哪“八拜”?

一拜天地，二拜高堂，三拜进洞房，这是婚礼，八拜之交指的是结拜兄弟，拜的次数可比婚礼多。

都是哪八拜呢?

一种说法指结拜时，朝东、南、西、北、东北、东南、西南、西北八个方向磕头，请八方神明作见证。

另一种说法指八组古人的交往，结拜时向他们致敬。包括管鲍之交、知音之交、刎颈之交、舍命之交、胶漆之交、鸡黍之交、忘年之交和生死之交。

难

多音字篇

扫码听儿歌

N

shēng bìng nán shòu xīn zhōng fán
生病难受心中烦，

xiǎo míng chóu méi yòu kǔ liǎn
小明愁眉又苦脸。

dǎ kāi diàn shì sàn san xīn
打开电视散散心，

dì zhèn zāi nàn è hào chuán
地震灾难噩耗传。

yì fāng yǒu nàn bā fāng yuán
一方有难八方援，

gè dì zhī yuán shàng qián xiàn
各地支援上前线。

xiǎo míng zá suì cún qián guàn
小明砸碎存钱罐，

huàn nàn yǔ gòng ài xīn xiàn
患难与共爱心献。

nán 难：困难　难受　难题　难能可贵

nàn 难：灾难　患难　难民　避难所

宁

扫码听儿歌

xiǎo hóu chōng dòng qǐ fēn zhēng
小猴冲动起纷争，

shì hòu xīn shén bù ān níng
事后心神不安宁。

shí shí xiǎng qǐ nán wàng jì
时时想起难忘记，

shàng kè yě bú yòng xīn tīng
上课也不用心听。

zǎo zhī rú cǐ hé bì zhēng
早知如此何必争？

xī shì níng rén xīn qì píng
息事宁人心气平。

nìng yuàn dāng shí tuì yí bù
宁愿当时退一步，

bù liú xīn bìng hé yīn yǐng
不留心病和阴影。

níng 宁：安宁　宁静　息事宁人　心神不宁

nìng 宁：宁可　宁肯　宁愿　宁死不屈

胖

多音字篇

扫码听儿歌

P

xiǎo zhū tān chī shēn tǐ pàng
小猪贪吃身体**胖**，
yuán yuán gǔn gǔn hān mú yàng
圆圆滚滚憨模样。
tóng xué yì qǐ liàn pǎo bù
同学一起练跑步，
hū chī dài chuǎn gēn bu shàng
呼哧带喘跟不上。
dà jiā quàn tā jiǎn jiǎn féi
大家劝它减减肥，
xiǎo zhū què bú zhè me xiǎng
小猪却不这么想。
xīn kuān tǐ pán cí duō shuǎng
心宽体**胖**词多爽，
kàn wǒ xīn xiōng duō kuān guǎng
看我心胸多宽广。

pán 胖：心宽体胖

pàng 胖：胖子 肥胖 虚胖 胖乎乎

刨

扫码听儿歌

xiǎo gǒu páo tǔ wā gè kēng
小狗刨土挖个坑，
cáng hǎo gǔ tou qù yóu yǒng
藏好骨头去游泳。
hé li dēng tuǐ shǐ gǒu páo
河里蹬腿使狗刨，
yóu dào duì àn tǐng qīng sōng
游到对岸挺轻松。
àn biān mù jiàng bào mù tou
岸边木匠刨木头，
bào qǐ bào huā yì céng céng
刨起刨花一层层。
xiǎo gǒu zuān dào bào huā li
小狗钻到刨花里，
chòng zhe mù jiàng zhǎ yǎn jing
冲着木匠眨眼睛。

páo 刨：刨坑　刨土　刨除　刨根问底

bào 刨：刨子　刨床　刨花板　刨冰

漂

多音字篇

扫码听儿歌

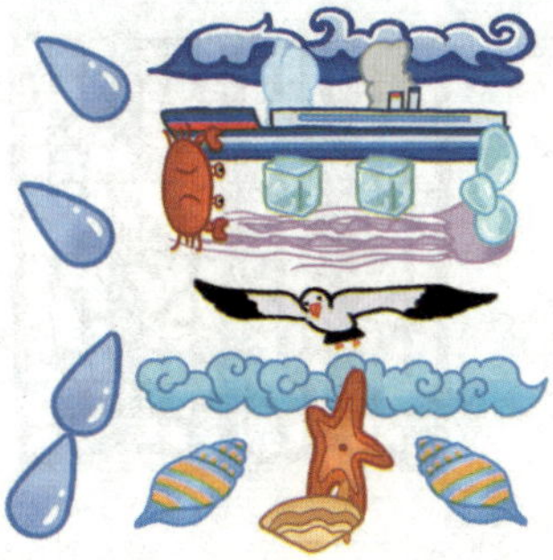

xiǎo jī yǒu jiàn huā yī shang
小鸡有件花衣裳，

chuān zài shēn shang zhēn piào liang
穿在身上真漂亮。

yí bù xiǎo xīn zhān le ní
一不小心沾了泥，

piǎo xǐ suō shuǐ biàn le yàng
漂洗缩水变了样。

xiǎo jī xīn li bù dé jìn
小鸡心里不得劲，

zhé zhī xiǎo chuán fàng shuǐ shang
折只小船放水上。

yuè piāo yuè yuǎn kàn bu jiàn
越漂越远看不见，

sòng zǒu yōu chóu hé bēi shāng
送走忧愁和悲伤。

piāo 漂：漂浮　漂流　漂泊

piǎo 漂：漂洗　漂白　漂染

piào 漂：漂亮

屏

扫码听儿歌

xiǎo jī mǎi le kuài píng fēng
小鸡买了块屏风，

xiǎo zhū bāng máng bān jiā zhōng
小猪帮忙搬家中。

xiǎo jī qǐng tā kàn diàn yǐng
小鸡请它看电影，

diàn yǐng yuàn li dà yíng píng
电影院里大荧屏。

kě xī yǐng piàn méi xuǎn hǎo
可惜影片没选好，

huà miàn kǒng bù guǐ héng xíng
画面恐怖鬼横行。

tā liǎ bǐng qì bù kēng shēng
它俩屏气不吭声，

zhè dùn jīng xià kě bù qīng
这顿惊吓可不轻。

píng 屏：屏风　屏蔽　屏障　屏幕

bǐng 屏：屏息　屏气　屏声　屏退

铺

多音字篇

扫码听儿歌

jīn tiān diàn pù xīn kāi zhāng
今天店铺新开张，

biān pào qí míng luó gǔ xiǎng
鞭炮齐鸣锣鼓响。

mén qián pū zhe hóng dì tǎn
门前铺着红地毯，

gù kè fēn fēn lái pěng chǎng
顾客纷纷来捧场。

xiǎo zhū xiǎo jī lái mǎi liáng
小猪、小鸡来买粮，

diàn pù liáng shi pū dì shang
店铺粮食铺地上。

zuǒ kàn yòu kàn dōu tǐng hǎo
左看右看都挺好，

měi yàng lái diǎnr cháng yi cháng
每样来点儿尝一尝。

pū 铺：铺张　铺床　铺垫　铺天盖地

pù 铺：商铺　店铺　当铺　床铺

强

多音字篇

扫码听儿歌

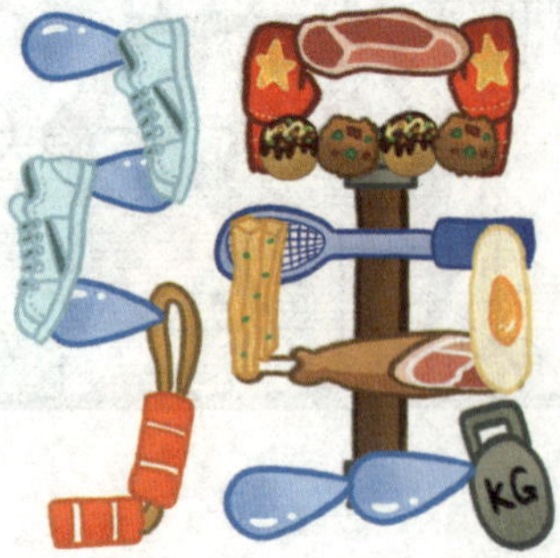

Q

xiǎo zhū duàn liàn yào zì qiáng
小猪锻炼要自**强**，

hāi yō hāi yō hàn shuǐ tǎng
嗨哟嗨哟汗水淌。

liàn wán dān gàng liàn yǎ líng
练完单杠练哑铃，

qiáng dù tài dà tǐng miǎn qiǎng
强度太大挺勉**强**。

xiǎo jī quàn tā yào shì liàng
小鸡劝它要适量，

jiàn shēn yào bǎ fāng fǎ jiǎng
健身要把方法讲。

xiǎo zhū jué jiàng bù tīng quàn
小猪倔**强**不听劝，

āi yō yì shēng tuǐ lā shāng
哎哟一声腿拉伤。

qiáng **强**：强壮　强大　强烈　自强不息

qiǎng **强**：勉强　强迫　强词夺理

jiàng **强**：倔强

亲

扫码听儿歌

zuì qīn zuì ài shì qīn rén
最亲最爱是亲人，

fù qīn mǔ qīn yǎng yù ēn
父亲母亲养育恩。

xiōng dì jiě mèi cháng xiāng bàn
兄弟姐妹长相伴，

shí cháng qiān guà bǐ cǐ xīn
时常牵挂彼此心。

nán nǚ xiāng ài yào chéng qīn
男女相爱要成亲，

liǎng jiā hé chéng yì jiā rén
两家合成一家人。

qìng jia gōng lái qìng jia mǔ
亲家公来亲家母，

shuāng fāng fù mǔ xiào yín yín
双方父母笑吟吟。

qīn 亲：父亲　母亲　亲人　乡亲

qìng 亲：亲家　亲家公　亲家母

曲

多音字篇

扫码听儿歌

xiǎo xī huā huā pǎo de huān
小溪哗哗跑得欢，
chàng zhe xiǎo qǔr mù biāo yuǎn
唱着小**曲**儿目标远。
dà shān lán lù bú ràng guò
大山拦路不让过，
fēi yào liú xià mǎi lù qián
非要留下买路钱。
xiǎo xī jué jiàng bù tóng yì
小溪倔强不同意，
rì yè kàng zhēng bǎ lù tàn
日夜抗争把路探。
wān wān qū qū guò shān jiǎo
弯弯**曲曲**过山脚，
táng táng zhèng zhèng tiān dì jiān
堂堂正正天地间。

qū **曲**：弯曲　曲折　曲解　委曲求全

qǔ **曲**：曲子　歌曲　乐曲　异曲同工

qiǎng pò zhèng

强迫症

qiǎng pò zhèng
强迫症： 神经症的一种，症状是明知某种想法或做法不必要，但无法控制自己而反复地想或做。如由于怕脏而反反复复地洗手。

例句： 强迫症及时治疗，是可以康复的。

qiáng
如果你错读成了强迫症……

“强”是一个多音字。当“强”读作“qiáng”的时候，意思有力量大、坚强、强大、强壮、优越等；当“强”读作“qiǎng”的时候，意思主要是勉强，比如强迫、强笑等；“强”还有一种读音“jiàng”，是倔强的意思。

xīn kuān tǐ pán

心宽体胖

xīn kuān tǐ pán

心宽体胖：心境乐观开朗，生活无忧无虑，身体自然舒坦。

例句：猪小戒心宽体胖，从不与人斤斤计较。

如果你错读成了**心宽体胖（pàng）**……

“胖”是一个多音字。当“胖”读作“pàng”的时候，意思是人体脂肪多，肉多，跟“瘦”相对；当“胖”读作“pán”的时候，意思是安泰舒适。

塞

扫码听儿歌

S

xiǎo hóu kāi chē dào sài wài
小猴开车到**塞**外，
chē shǎo lù kuān zhēn zì zài
车少路宽真自在。
yí lù chàng tōng bù sāi chē
一路畅通不**塞**车，
mù mín hào kè jiā li zhuài
牧民好客家里拽。
xí sú bù tóng xīn qí guài
习俗不同心奇怪，
mù mín jiě shì máo sè kāi
牧民解释茅**塞**开。
zhāo dài guò hòu fēn bié shí
招待过后分别时，
tè chǎn zhí wǎng shǒu li sāi
特产直往手里**塞**。

sāi 塞	塞子	耳塞	活塞	瓶塞
sài 塞	要塞	塞外	塞北	塞翁失马
sè 塞	堵塞	阻塞	闭塞	茅塞顿开

扫

扫码听儿歌

qīng chén qǐ lái tiān fàng qíng
清晨起来天放晴，

xiǎo zhū sǎo xuě máng bu tíng
小猪扫雪忙不停。

sào zhou fēi wǔ xuě chéng duī
扫帚飞舞雪成堆，

sǎo tiáo tōng dào hǎo chū xíng
扫条通道好出行。

xiǎo hóu xiǎo jī lái bāng máng
小猴、小鸡来帮忙，

duī gè xuě rén ān yǎn jing
堆个雪人安眼睛。

hái yǒu zuǐ ba hé bí zi
还有嘴巴和鼻子，

shǒu ná sào zhou dāng wèi bīng
手拿扫帚当卫兵。

sǎo
扫

扫地 扫雪 打扫 扫描

sào
扫

扫把 扫帚

厦

多音字篇

扫码听儿歌

chǎng shì fáng xià shì dà
"厂"是房，"夏"是大，
dà de fáng zi jiù shì shà
大的房子就是"厦"。
gāo lóu dà shà xiāng cūn shǎo
高楼大厦乡村少，
chéng shì fán huá cháng jiàn tā
城市繁华常见它。
hái yǒu yì yīn dú zuò
还有一音读作"xià"，
xià mén fēng jǐng měi rú huà
厦门风景美如画。
hǎi shàng huā yuán gǔ làng yǔ
海上花园鼓浪屿，
zuì měi dà xué shì xià dà
最美大学是厦大。

shà 厦：广厦　高楼大厦

xià 厦：厦门

舍

扫码听儿歌

xiǎo zhū xiǎo jī chū sù shè
小猪、小鸡出宿舍，

lái dào jiē shàng bǎ huà shuō
来到街上把话说。

lù biān yǒu rén zài qǐ tǎo
路边有人在乞讨，

xiǎo jī gěi tā yì bǎi duō
小鸡给它一百多。

nǐ dào shě de lái shī shě
你倒舍得来施舍，

xiàn zài piàn zi kě tǐng duō
现在骗子可挺多。

piàn yǔ bú piàn nán pàn duàn
骗与不骗难判断，

zhù rén wéi lè xīn kuài huo
助人为乐心快活。

shě 舍：舍弃　舍得　施舍　舍近求远

shè 舍：宿舍　校舍　农舍　退避三舍

省

多音字篇

扫码听儿歌

xiǎo jī chī fàn tài tiāo ti
小鸡吃饭太挑剔，

lái huí bā la huài xí qì
来回扒拉坏习气。

zì jǐ bù xǐ dōu rēng diào
自己不喜都扔掉，

jié shěng liáng shi quán wàng jì
节**省**粮食全忘记。

mǐn nóng gǔ shī bèi de hǎo
《悯农》古诗背得好，

lì lì xīn kǔ yào zhēn xī
粒粒辛苦要珍惜。

zì wǒ fǎn xǐng jiā nǔ lì
自我反**省**加努力，

gǎi diào è xí lái de jí
改掉恶习来得及。

shěng **省**：省份　省略　省事　省吃俭用

xǐng **省**：反省　省亲　省察　不省人事

识

多音字篇

扫码听儿歌

xiǎo míng cōng míng jì xing hǎo
小明聪明记性好，

dú shū shí zì shuǐ píng gāo
读书**识**字水平高。

bó wén qiáng zhì yǒu wén huà
博闻强**识**有文化，

dà jiā dōu xiàng tā qǐng jiào
大家都向他请教。

wú lùn shuí lái wèn wèn tí
无论谁来问问题，

xiǎo míng dōu huì bǎ tā jiāo
小明都会把他教。

chuán bō zhī shi hé jiàn shi
传播知**识**和见**识**，

chéng kěn qiān xū bù jiāo ào
诚恳谦虚不骄傲。

shí **识**：识别　识字　认识　知识

zhì **识**：博闻强识

数

多音字篇

扫码听儿歌

dì shang yì duī mǎ líng shǔ
地上一堆马铃薯，

xiǎo hóu xiǎo zhū lái shǔ shù
小猴、小猪来**数数**。

shǔ shǔ shǔ
数来**数**去**数**不清，

bān zhe shǒu zhǐ yòng xīn shǔ
扳着手指用心**数**。

xiǎo hóu hěn kuài shǔ wán le
小猴很快**数**完了，

xiǎo zhū chuí shǒu tǐng wú zhù
小猪垂手挺无助。

tā de shǒu zhǐ zhǐ yǒu liǎ
它的手指只有俩，

nǐ shuō tā yào zěn me shǔ
你说它要怎么**数**？

shǔ **数**：数说　数九　数落　屈指可数

shù **数**：数字　数量　数目　数学

调

扫码听儿歌

T

xiǎo zhū ài chī yǒu zhǔ yi
小猪爱吃有主意，
xué huì pēng tiáo zhǔ dōng xi
学会烹**调**煮东西。
zì jǐ dòng shǒu tiáo wèi dào
自己动手**调**味道，
chī de shū fu xīn huān xǐ
吃得舒服心欢喜。
tiáo pí xiǎo hóu lái zuò kè
调皮小猴来做客，
tōu tōu diào huàn tiáo wèi jì
偷偷**调**换**调**味剂。
xiǎo zhū cuò bǎ yán dàng táng
小猪错把盐当糖，
xián de tā hé xiǎo hóu jí
咸得它和小猴急。

tiáo **调**：调和　调皮　烹调　协调

diào **调**：曲调　南腔北调　调查　调换

苔

多 音 字 篇

扫码听儿歌

xiǎo hóu shēng bìng kàn yī shēng
小猴生病看医生，

ràng tā zhāng zuǐ kàn shé tāi
让它张嘴看舌**苔**。

shé tāi huá nì bái qiě hòu
舌**苔**滑腻白且厚，

xīn zhī shàng huǒ bǎ yào kāi
心知上火把药开。

dīng zhǔ xiū xi hé yǐn shí
叮嘱休息和饮食，

kě yǐ shì liàng chī hǎi tái
可以适量吃海**苔**。

hǎi tái qīng rè yòu qù huǒ
海**苔**清热又去火，

hǎo chī bú guì zhēn bú lài
好吃不贵真不赖。

tāi
苔：舌苔

tái
苔：苔藓　青苔　海苔　苔原

吓

多音字篇

扫码听儿歌

X

xiǎo hóu ài gǎo è zuò jù
小猴爱搞恶作剧，

xià rén yí tiào tā dé yì
吓人一跳它得意。

zhuī tā què yòu zhuī bu shàng
追它却又追不上，

xīn zhōng biē qì gān zháo jí
心中憋气干着急。

hái yǒu yì yīn dú zuò
还有一音读作“hè”，

shòu dào kǒng hè yào fǎn jī
受到恐**吓**要反击。

xún qiú bāng zhù zhèng yì zài
寻求帮助正义在，

bù néng chén mò rèn rén qī
不能沉默任人欺。

xià 吓：吓人、吓唬、惊吓、吓一跳

hè 吓：恐吓、威吓、恫吓

冷知识课堂

朱门酒肉臭中的“臭”竟然指香味

我知道这句诗，是唐代大诗人杜甫写的，说是有人吃多了肉，喝醉了酒，吐得满地都是，闻起来臭烘烘的。

你可别瞎说，这里的“臭”是个多音字，读作 xiù，是气味的意思。朱门酒肉臭是说富贵人家院子里飘出来酒肉的香味。

这句诗的下一句是“路有冻死骨”。一边是富人酒肉的香味，一边是冻饿而死的穷人，这种贫富的对比是多么强烈啊！

唐朝竟然可以称父亲为哥哥

称父亲为哥哥？你没搞错吧，如果这样叫老爸，会被他打死的。

是够奇怪的，不过在唐朝确实能这样称呼，这可能和李世民他们家有游牧民族血统有关吧。

唐太宗李世民给儿子李治写信，就常常以哥哥署名。还有李隆基称呼父亲李旦为四哥，因为李旦在兄弟中排行第四。

冷知识课堂

六亲不认是指哪六亲？

六亲是指六个亲戚吗？我家的亲戚有很多，爷爷、奶奶、姥姥、姥爷、叔叔、姑姑、舅舅、阿姨……不止六个呀！

六亲指的是六种亲属关系，历来有不同说法，其中一种指父、母、兄、弟、妻子、子女。

六亲不认就是说人不认六亲，要是翻起脸来，不管你是爸爸、妈妈，还是兄弟姐妹，他对谁都不讲情面。

一日三秋中的“三秋”是多久？

三秋就是三个秋天，一年只有一个秋天，三个秋天就是三年。

不对。三秋指的是三个季度，也就是九个月。

这个成语出自《诗经》，原诗是“……一日不见，如三月兮……一日不见，如三秋兮……一日不见，如三岁兮”。

我们可以看到，三月、三秋、三岁依次出现，时间长度也依次增加，因此三秋应该是三个季度。

鲜

扫码听儿歌

yǒu xiē xiǎo gǒu huì zhuā yú
有些小狗会抓鱼，

xiǎn wéi rén zhī quē biǎo xiàn
鲜为人知缺表现。

ǒu ěr zhuā tiáo dà lǐ yú
偶尔抓条大鲤鱼，

diāo huí jiā li lè diān diān
叼回家里乐颠颠。

xiān měi lǐ yú zuò qi lai
鲜美鲤鱼做起来，

qǐ guō shāo yóu máng de huān
起锅烧油忙得欢。

péng you xiǎo māo wén dào wèir
朋友小猫闻到味儿，

xī zhe bí zi lái cháng xiān
吸着鼻子来尝**鲜**。

xiān **鲜**：鲜美　鲜艳　鲜花　鲜活

xiǎn **鲜**：鲜见　朝鲜　鲜为人知　寡廉鲜耻

告别错别字

纤

多音字篇

扫码听儿歌

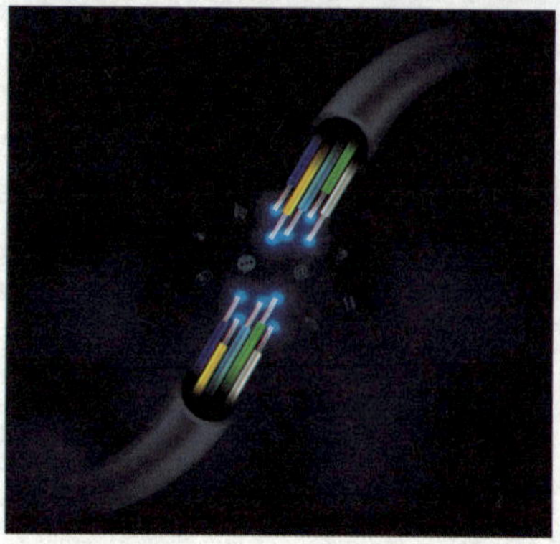

hé shang piāo lái yì tiáo chuán
河上飘来一条船，

nì liú ér shàng děi lā qiàn
逆流而上得拉**纤**。

qiàn fū lā zhe qiàn shéng zǒu
纤夫拉着**纤**绳走，

yǒu lì de hào zi zài hū hǎn
有力的号子在呼喊。

dōng xi xì xiǎo yě jiào xiān
东西细小也叫“**纤**”，

xiān háo xiān wéi hé huà xiān
纤毫、**纤**维和化**纤**。

guāng xiān chuán dǎo sù dù kuài
光**纤**传导速度快，

yǒu tā shàng wǎng gèng fāng biàn
有它上网更方便。

xiān **纤**：纤细　纤维　光纤　纤尘不染

qiàn **纤**：拉纤　纤夫　纤绳

相

多 音 字 篇

扫码听儿歌

ruò wèn xiǎo zhū shá lǐ xiǎng
若问小猪啥理想，

zhǎng dà zhī hòu dāng shǒu **xiàng**
长大之后当首**相**。

cóng xiǎo bié rén jiù shuō tā
从小别人就说它，

bí kǒng cháo tiān bù xún cháng
鼻孔朝天不寻常。

xiāng xìn zì jǐ néng zuò dào
相信自己能做到，

xiǎo zhū dù pí pāi de xiǎng
小猪肚皮拍得响。

shǒu **xiàng** jiāng lái nǐ zài dāng
首**相**将来你再当，

wǒ xiān gěi nǐ zhào zhāng **xiàng**
我先给你照张**相**。

xiāng **相**：相互　相等　相对　相反

xiàng **相**：宰相　首相　相貌　相片

告别错别字

行

多音字篇

扫码听儿歌

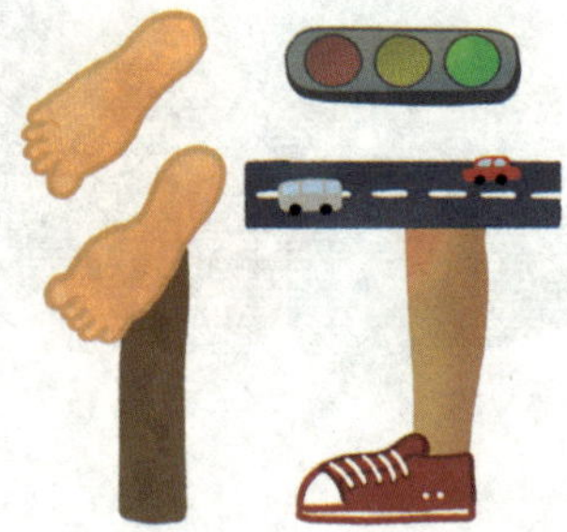

lù biān liǔ shù pái chéng háng
路边柳树排成行，

qīng zǎo qǐ lái qù yín háng
清早起来去银行。

xiǎo zhū qí zhe zì xíng chē
小猪骑着自行车，

sù dù fēi kuài gǎn lù máng
速度飞快赶路忙。

zài jí yě yào kàn xíng rén
再急也要看行人，

hóng dēng kě shì bù néng chuǎng
红灯可是不能闯。

dào le yín háng yào pái duì
到了银行要排队，

àn hào děng dài zūn guī zhāng
按号等待遵规章。

háng 行：行列　排行　同行　银行

xíng 行：行走　行动　旅行　进行

应

扫码听儿歌

Y

xiǎo hóu jī ling fǎn yìng kuài
小猴机灵反应快，

bāng zhù mā ma qù mài cài
帮助妈妈去卖菜。

bái cài tǔ dòu hú luó bo
白菜、土豆、胡萝卜，

yīng yǒu jìn yǒu zhēn bú lài
应有尽有真不赖。

gù kè mǎi cài wàng jì dài
顾客买菜忘记带，

xiǎo hóu gǎn jǐn zhuī chu lai
小猴赶紧追出来。

gù kè gǎn xiè lián shēng zàn
顾客感谢连声赞，

xiǎo hóu náo tóu shuō yīng gāi
小猴挠头说应该。

yīng 应：应该　应当　应许　应有尽有

yìng 应：呼应　响应　反应　应酬

与

扫码听儿歌

èr bān xiǎo hóng yǔ xiǎo lán
二班小红**与**小兰，

zhēn shì yí duìr hǎo jiě mèi
真是一对儿好姐妹。

yǒu shì tā men qí cān yù
有事她们齐参**与**，

hù xiāng bāng zhù tóu pí qi
互相帮助投脾气。

xiǎo lán bān jiā qù wài dì
小兰搬家去外地，

tā liǎ mǎ shàng yào fēn lí
她俩马上要分离。

zèng yǔ wán jù xīn tóu hǎo
赠**与**玩具心头好，

chún zhēn yǒu yì yào láo jì
纯真友谊要牢记。

yǔ
与：赠与　与其　与人方便　与众不同

yù
与：参与　与会

载

扫码听儿歌

Z

xiǎo zhū lā huò bǎ chē kāi
小猪拉货把车开，
zhuāng de tài duō yǐ chāo zài
装得太多已超**载**。
lún tāi yā bào zǒu bu dòng
轮胎压爆走不动，
zhǐ hǎo qǐng rén lái bǔ tāi
只好请人来补胎。
zhǐ bǔ lún tāi bú xiè zài
只补轮胎不卸**载**，
lún tāi bǔ hǎo jiē zhe huài
轮胎补好接着坏。
zǒu zǒu tíng tíng gǎn lù màn
走走停停赶路慢，
sān nián wǔ zǎi méi huí lái
三年五**载**没回来。

zǎi
载：记载　连载　三年五载　千载难逢

zài
载：装载　超载　载体　满载而归

择

扫码听儿歌

tǔ dòu luó bo hé bái cài
土豆、萝卜和白菜，
xiǎo zhū xuǎn zé nǎ ge cài
小猪选择哪个菜？
xiǎo háir cái zuò xuǎn zé tí
小孩儿才做选择题，
gè zhǒng shū cài wǒ dōu ài
各种蔬菜我都爱。
zhái cài xǐ cài hé zhǔ cài
择菜、洗菜和煮菜，
fàn cài zuò hǎo zhuō shàng bǎi
饭菜做好桌上摆。
xiǎo hóu tū rán chuǎng jin lai
小猴突然闯进来，
jī bù zé shí wǎng zuǐ sāi
饥不择食往嘴塞。

zé 择：选择　抉择　饥不择食　不择手段

zhái 择：择菜　择席　择不开

着

多音字篇

扫码听儿歌

xiǎo hóu xǐ huan xià xiàng qí
小猴喜欢下象棋，

xià de bù hǎo què zháo mí
下得不好却着迷。

chuān zhe tuō xié lù biān dūn
穿着拖鞋路边蹲，

pēng pēng pā pā zhēng zhàn jí
砰砰啪啪征战急。

hū rán guā fēng yòu xià yǔ
忽然刮风又下雨，

zhí zhuó xià qí bù duǒ bì
执着下棋不躲避。

qí gāo yì zhāo zhōng huò shèng
棋高一着终获胜，

lín yǔ zháo liáng dǎ diǎn dī
淋雨着凉打点滴。

zhāo 着：支着儿　棋高一着

zháo 着：着急　着迷　着凉　着火

zhe 着：看着　说着　听着　接着

zhuó 着：穿着　执着　着落　着重

告别错别字

正

多音字篇

扫码听儿歌

zhēng yuè lǐ lái shì xīn nián
正月里来是新年，

jiā jiā hù hù tiē chūn lián
家家户户贴春联。

chī wán jiǎo zi chū mén zhuàn
吃完饺子出门转，

kàn dào fú zì gěi tiē fǎn
看到福字给贴反。

wèi shá bú shì zhèng zhe tiē
为啥不是正着贴，

fú zì dào zhe duō nán kàn
福字倒着多难看？

fú dào fú dào fú qì dào
福倒、福到、福气到，

měi hǎo yù yì xiāng guān lián
美好寓意相关联。

zhēng 正：正月　正旦

zhèng 正：正义　正气　正常　公正

tóng háng
同行

tóng háng
同行：行业相同，同行业的人。
例句：他的爸爸和妈妈是同行，都是医生。

xíng
如果你错读成了同行……

“行”是一个多音字。当“行”读作“xíng”的时候，有走路、直行、前行，做、从事、实行，可以、能干等意思；当“行”读作“háng”的时候，意思是行列、排行、行业等。

xiǎn wéi rén zhī

鲜为人知

xiǎn wéi rén zhī

鲜为人知：意思是很少有人知道。

例句：这是一个鲜为人知的故事。

如果你错读成了鲜(xiān)为人知……

“鲜”是一个多音字。当读作“xiān”的时候，有新鲜、美好、鲜美的食物等意思，比如新鲜、鲜花等；当“鲜”读作“xiǎn”的时候，意思是少，比如“鲜有”等。

告别错别字

同音字歌谣100首

熊爸老黑◎著绘

海豚出版社
DOLPHIN BOOKS
CICG 中国国际传播集团

图书在版编目（CIP）数据

告别错别字. 同音字歌谣100首 / 熊爸老黑著绘.
北京：海豚出版社，2025. 5. — ISBN 978-7-5110
-7407-2

Ⅰ. G624.203

中国国家版本馆CIP数据核字第2025WQ4918号

出 版 人：王　磊
责任编辑：杨文建　白　云
项目编辑：葛荣华　冷国东
责任印制：于浩杰　蔡　丽
法律顾问：北京市君泽君律师事务所　马慧娟　刘爱珍

出　　版：海豚出版社
地　　址：北京市西城区百万庄大街24号
邮　　编：100037
电　　话：010-51262720（销售）010-68996147（总编室）
传　　真：010-68996147
印　　刷：唐山楠萍印务有限公司
经　　销：全国新华书店及各大网络书店
开　　本：710毫米×1000毫米　1/16
印　　张：32.5
字　　数：200千
版　　次：2025年5月第1版　2025年5月第1次印刷
标准书号：ISBN 978-7-5110-7407-2
定　　价：180.00元（全4册）

本书二维码自版权页所标注印刷之日起三年内有效　版权所有　侵权必究

前言

总是因为错别字而挨批的小朋友有福了，这套书就是专门解决这个问题的。

我们将形近字、同音字、多音字、易错字分门别类，以儿歌的形式讲述了 800 多个小学生常见的错别字，对它们进行了详细梳理与辨析。

这些儿歌准确生动，趣味性十足。比如《鸟·乌》："'鸟'和'乌'，看眼珠：小鸟眼珠滴溜儿圆，看啥都清楚；乌鸦上下一身黑，眼珠找不到，可把人难住。"短短几句话，紧紧围绕"眼珠"这个区分"鸟""乌"二字的关键因素展开，让人印象深刻。

我们还准备了搞笑漫画和有趣的冷知识内容，让阅读过程更轻松。

小朋友，准备好了吗？现在就开始阅读，告别错别字吧。

人物介绍

猪小戒

迷糊的大胃王，从小就有一个理想，成为一名美食家，所以他对一切与美食相关的东西都非常感兴趣。

板牙妹

性格火暴，心地善良，是猪小戒的克星。

孙小空

运动健将，性格豪爽，是猪小戒的好伙伴。

金小角

性格孤僻，在班上的人缘不好，除了猪小戒，其他同学都不爱与他交往。

目录

哀 唉

扫码听儿歌

A

āi zì zhōng jiān kōng dàng dàng
“哀”字中间空荡荡，
xīn li yí dìng hěn bēi shāng
心里一定很悲伤。
āi qiú āi háo hé āi dào
哀求、哀号和哀悼，
shēng shēng qī cǎn rén duàn cháng
声声凄惨人断肠。
āi zì yǒu kǒu rén tàn xī
“唉”字有“口”人叹息，
biǎo shì shāng gǎn huò wǎn xī
表示伤感或惋惜。
āi shēng tàn qì fēi shào nián
唉声叹气非少年，
chú yīng zhǎn chì dāng fèn qǐ
雏鹰展翅当奋起。

āi
哀：悲哀　哀求　哀悼　喜怒哀乐

āi
唉：唉声叹气

暗 黯

扫码听儿歌

àn shì zhōu wéi méi yǒu guāng
“**暗**”是周围没有光，
hēi àn zhī zhōng rén fā huāng
黑**暗**之中人发慌。
àn zì hái kě zhǐ yǐn cáng
“**暗**”字还可指隐藏，
hán xìn àn dì dù chén cāng
韩信**暗**地度陈仓。
àn shì xīn zhōng méi yǒu guāng
“**黯**”是心中没有光，
bái tiān yě néng bǎ shén shāng
白天也能把神伤。

àn
暗：黑暗　昏暗　暗示　暗度陈仓

àn
黯：黯淡　黯然　黯然销魂

璧 碧

同音字篇

B

bì hé bì dōu shì yù
“璧”和“碧”，都是玉，

nǎ lǐ bù tóng bǐ yi bǐ
哪里不同比一比：

bì shì měi yù rén rén xǐ
“璧”是美玉人人喜，

biàn hé sān xiàn hé shì bì
卞和三献和氏璧；

bì shì yù shí qīng lǜ sè
“碧”是玉石青绿色，

bì kōng wàn lǐ rú shuǐ xǐ
碧空万里如水洗。

扫码听儿歌

bì
璧

和氏璧　珠联璧合　完璧归赵

bì
碧

碧玉　碧绿　碧空如洗　金碧辉煌

备
倍

扫码听儿歌

bèi hé bèi bù yí yàng
“备”和“倍”，不一样，

bèi qiú quán lái bèi qiú liàng
“备”求全来“倍”求量。

zhǔn bèi yù bèi hé wán bèi
准备、预备和完备，

qiān wàn bù néng shǎo yí yàng
千万不能少一样。

shí bèi bǎi bèi qiān wàn bèi
十倍、百倍、千万倍，

shù liàng cēng cēng wǎng shàng zhǎng
数量噌噌往上涨。

bèi
备

完备　准备　防备　求全责备

bèi
倍

翻倍　加倍　百倍　事半功倍

拜 败

同音字篇

扫码听儿歌

bài de yì si yǒu xíng lǐ
“拜”的意思有行礼，
bài nián hóng bāo ná dào shǒu
拜年红包拿到手。
bài jiàn bài fǎng hé bài tuō
拜见、拜访和拜托，
gōng jìng lǐ mào jì xīn tóu
恭敬礼貌记心头。

bài de yì si shì shī bài
“败”的意思是失败，
qì jí bài huài pí qi guài
气急败坏脾气怪。
yì shí shèng bài méi guān xi
一时胜败没关系，
shàng jìn zhī xīn mò diū qì
上进之心莫丢弃。

bài
拜：拜访　拜托　崇拜　甘拜下风

bài
败：失败　挫败　败北　气急败坏

报 同音字篇 抱

扫二维码观看汉字小动画

扫码听儿歌

bào hé bào bù xiāng tóng
“报”和“抱”，不相同：

bào shì chuán dá hé huí yìng
“报”是传达和回应，

bào gào bào dá hé bào ēn
报告、报答和报恩，

bào zhǐ céng jīng hěn liú xíng
报纸曾经很流行；

bào shì huái bào hé huái yǒu
“抱”是怀抱和怀有，

yōng bào bào qiàn hé bào bìng
拥抱、抱歉和抱病，

zhàng yì chū shǒu bào bù píng
仗义出手抱不平。

bào **报**：报告　报复　报纸　投桃报李

bào **抱**：拥抱　怀抱　抱负　打抱不平

同音字歌谣100首

同音字篇

杯 碑

扫码听儿歌

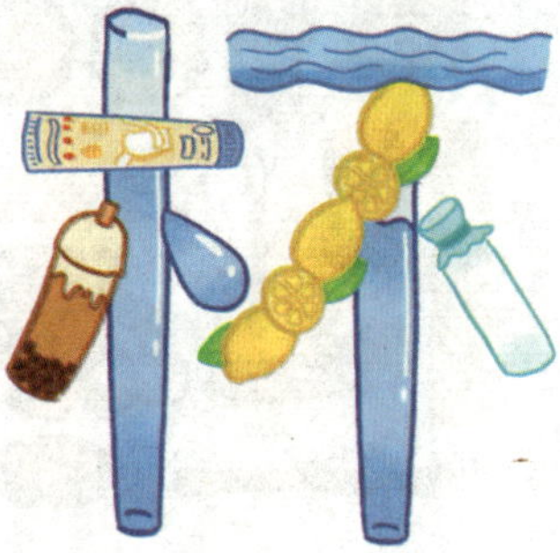

bēi néng pào chá hé chéng shuǐ
"杯"能泡茶和盛水，

jiǔ bēi suī xiǎo bǎ rén zuì
酒杯虽小把人醉。

jìng sài shèng chū pěng jiǎng bēi
竞赛胜出捧奖杯，

jīn bēi yín bēi jìn hàn shuǐ
金杯、银杯浸汗水。

bēi de zuò yòng shì jì niàn
"碑"的作用是纪念，

mù bēi fēng bēi lǐ chéng bēi
墓碑、丰碑、里程碑。

shì shàng shá bēi zuì xióng wěi
世上啥碑最雄伟？

rén mín yīng xióng jì niàn bēi
人民英雄纪念碑。

bēi 杯：杯子　水杯　酒杯　茶杯

bēi 碑：石碑　墓碑　碑帖　有口皆碑

才 材

同音字篇

扫码听儿歌

C

cái hé cái zhàn yì pái
“才”和“材”，站一排，

zěn me yòng kàn míng bai
怎么用？看明白。

cái zhǐ néng lì rén rén ài
“才”指能力人人爱，

rén cái qí cái hé tiān cái
人才、奇才和天才，

zhì dà cái shū pí qi huài
志大才疏脾气坏。

cái zhǐ yuán liào xū jiǎn cái
“材”指原料需剪裁，

mù cái yào cái hé sù cái
木材、药材和素材，

yīn cái shī jiào chéng zhǎng kuài
因材施教成长快。

cái 才：才能　人才　天才　才华横溢

cái 材：材料　素材　大材小用　因材施教

川 穿

同音字篇

扫码听儿歌

chuān shì jiāng hé dōng dào hǎi
“川”是江河东到海，
míng shān dà chuān kāi xiōng huái
名山大川开胸怀。
chuān liú bù xī dāng nǔ lì
川流不息当努力，
shí guāng yí qù bù huí lái
时光一去不回来。
chuān yī chuān zhuó hé chuān dài
穿衣、穿着和穿戴，
gān jìng zhěng jié zuì kě ài
干净整洁最可爱。
qín xué kǔ liàn zhǎng běn lǐng
勤学苦练长本领，
bǎi bù chuān yáng qí hè cǎi
百步穿杨齐喝彩。

chuān 川：山川　冰川　川流不息　名山大川

chuān 穿：射穿　贯穿　穿戴　百步穿杨

同音字篇

长 常

扫码听儿歌

chánghé cháng bù yí yàng
“长”和“常”，不一样，
yǒu shá qū bié tīng wǒ jiǎng
有啥区别听我讲：
cháng shì cháng dù kě cè liáng
“长”是长度可测量，
jù lí cháng shí jiān cháng
距离长，时间长，
wàn lǐ cháng chéng cháng yòu cháng
万里长城长又长；
pín fán chū xiàn jiù shì cháng
频繁出现就是“常”，
cháng lái cháng wǎng chéng píng cháng
常来常往成平常，
bù hé cháng lǐ shì fēi cháng
不合常理是非常。

cháng
长

长度　长短　长城　长年累月

cháng
常

经常　非常　正常　习以为常

àn rán　　àn rán
黯然—暗然

黯然（àn rán）：一般指情绪低落、心情沮丧的样子。
例句：听到悲伤的音乐，猪小戒不禁黯然落泪。

如果你错写成了暗（àn）然……

“暗”主要是形容光线暗，还有隐藏的意思；“黯”则注重人物心理，用来表达一种心情。

投桃报李—投桃抱李

tóu táo bào lǐ　tóu táo bào lǐ

投桃报李（tóu táo bào lǐ）：指投我以桃，报之以李。泛指互相赠送，友好往来。

例句：我们应当对帮助过自己的人投桃报李。

如果你错写成了**投桃抱（bào）李**……

“报”字的意思是传达和回应，如报告、报答等；“抱”字的意思是用手臂围住，引申指心里存有想法、意见，如拥抱、抱歉等。

厂 场

同音字篇

扫码听儿歌

chǎng zì jiù xiàng bàn shàn fáng
"厂"字就像半扇房，

gōng chǎng chē jiān pái chéng háng
工厂车间排成行，

chē jiān lǐ miàn gōng rén máng
车间里面工人忙。

píng tǎn kòng dì jiù shì chǎng
平坦空地（土）就是"场"，

cāo chǎng shì chǎng hé guǎng chǎng
操场、市场和广场，

shā chǎng zhēng zhàn chén tǔ yáng
沙场征战尘土扬。

chǎng
厂

工厂 厂房 厂长 厂家

chǎng
场

场地 操场 商场 市场

成 承 程

扫码听儿歌

6

承重极限

chéng chéng chéng yì bù tóng
“成”“承”“程”，意不同，

wǒ lái gěi nǐ shuō fēn míng
我来给你说分明：

zuò wán zuò hǎo jiù shì chéng
做完、做好就是“成”，

chéng le wán chéng hé chéng gōng
成了、完成和成功；

pěng zhe tuō zhe jiù shì chéng
捧着、托着就是“承”，

chéng dān chéng rèn hé chéng zhòng
承担、承认和承重；

jìn zhǎn xiàn dù jiù shì chéng
进展、限度就是“程”，

chéng dù jìn chéng hé guò chéng
程度、进程和过程。

chéng 成：完成　成功　成长　成人之美

chéng 承：承担　承认　继承　承前启后

chéng 程：程度　课程　旅程　日夜兼程

冲 充

扫码听儿歌

gāo yā shuǐ qiāng lái chōng xǐ
高压水枪来冲洗，

shuǐ liú jī dàng qù wū ní
水流激荡去污泥。

chōng chá、chōng shuǐ、chōng tāng jì
冲茶、冲水、冲汤剂，

chōng dòng mó guǐ yào jǐng tì
冲动魔鬼要警惕。

"chōng" shì tián mǎn yào láo jì
"充"是填满要牢记，

chōng fèn、chōng zú hé chōng yù
充分、充足和充裕。

làn yú chōng shù yào bu de
滥竽充数要不得，

chōng shí zì jǐ bié wàng jì
充实自己别忘记。

chōng
冲

冲击　冲动　怒气冲冲　首当其冲

chōng
充

充实　充电　补充　充耳不闻

酬 筹

扫码听儿歌

chóu zì yǒu yǒu shì quàn jiǔ
"酬"字有"酉"是劝酒，

jiāo jì wǎng lái cháng yìng chou
交际往来常应酬。

yuàn wàng méi chéng zhì nán chóu
愿望没成志难酬，

gàn huór jiù néng ná bào chou
干活儿就能拿报酬。

jì shù gōng jù jiào zuò chóu
记数工具叫作"筹"，

chóu mǎ suàn chóu hé jiǔ chóu
筹码、算筹和酒筹。

tōng pán móu huà jiào tǒng chóu
通盘谋划叫统筹，

yì chóu mò zhǎn zhòu méi tóu
一筹莫展皱眉头。

chóu
酬

酬劳　报酬　应酬　天道酬勤

chóu
筹

筹码　统筹　一筹莫展　运筹帷幄

察 查

扫码听儿歌

chá hé chá nán qū fēn
"察"和"查"，难区分，
yòng de shí hou yào dāng xīn
用的时候要当心。
chá zì yǒu diǎnr piān xiàng rén
"察"字有点儿偏向人，
jǐng chá guān chá hé jué chá
警察、观察和觉察，
míng chá qiū háo yǎn shénr zhǔn
明察秋毫眼神儿准。
chá zì gèng xiàng zài shuō shìr
"查"字更像在说事儿，
jiǎn chá diào chá hé chá xún
检查、调查和查询，
chá wú shí jù děi fàng rén
查无实据得放人。

chá
察
chá
查

苍 沧

同音字篇

扫码听儿歌

cāng hé cāng yǒu xiē xiàng
“苍”和“沧”，有些像，

dōu zhǐ yán sè bù yí yàng
都指颜色不一样。

cāng zhǐ qīng sè huī bái sè
“苍”指青色、灰白色，

cāng sōng cāng tiān hé cāng máng
苍松、苍天和苍茫，

lǎo nǎi nai tóu fa bái cāng cāng
老奶奶头发白苍苍。

cāng zhǐ shuǐ miàn qīng lǜ sè
“沧”指水面青绿色，

cāng hǎi cāng sāng hé cāng làng
沧海、沧桑和沧浪，

cāng hǎi sāng tián dà biàn yàng
沧海桑田大变样。

cāng 苍：苍松　苍天　苍白　苍翠

cāng 沧：沧海　沧桑　沧浪　沧海桑田

D

dài de yì si shì dài tì
“代”的意思是代替，
dài biǎo dài xiāo hé dài xù
代表、代销和代序。
shì qing tài duō máng bù jí
事情太多忙不及，
zhǎo rén dài bàn yě kě yǐ
找人代办也可以。

dài de yì si shì děng dài
“待”的意思是等待，
qī dài zhāo dài hé duì dài
期待、招待和对待。
zhǔn bèi chōng fèn bié xiè dài
准备充分别懈怠，
shǒu zhū dài tù shì hú lái
守株待兔是胡来。

扫码听儿歌

dài
代
代替 代表 代销 年代

dài
待
等待 招待 以逸待劳 严阵以待

雕 凋

diāo　shì měng qín jiào lǎo diāo

“雕”是猛禽叫老雕，

zhǎng zhe jiān zuǐ hé lì zhǎo

长着尖嘴和利爪。

diāo sù　diāo kè hé diāo zhuó

雕塑、雕刻和雕琢，

diāo chóng xiǎo jì bié gāo diào

雕虫小技别高调。

diāo　zì yǒu bīng　shēn qiū dào

“凋”字有冰（冫）深秋到，

cǎo mù kū huáng shù yè piāo

草木枯黄树叶飘。

diāo xiè　diāo líng hé diāo luò

凋谢、凋零和凋落，

pàn wàng míng nián chūn lái zǎo

盼望明年春来早。

扫码听儿歌

diāo 雕：大雕　雕刻　雕塑　精雕细琢

diāo 凋：凋谢　凋零　凋落　民生凋敝

顶 鼎

同音字篇

扫码听儿歌

dǐng zhǐ tóu dǐng zuì gāo céng
"顶"指头顶最高层，

xiǎo háir tān wán shàng dǐng fēng
小孩儿贪玩上顶峰。

tóu pèng tóu lái sì dǐng niú
头碰头来似顶牛，

shuāng shǒu dào lì ná dà dǐng
双手倒立拿大顶。

dà yǔ zhì shuǐ zhù jiǔ dǐng
大禹治水铸九鼎，

wáng quán zhì gāo yǒu xiàng zhēng
王权至高有象征。

sān zú sì zú yǒu liǎng xíng
三足、四足有两型，

yì yán jiǔ dǐng fèn liàng zhòng
一言九鼎分量重。

dǐng
顶

头顶 屋顶 顶峰 灭顶之灾

dǐng
鼎

铜鼎 九鼎 三足鼎立 鼎力相助

告别错别字

东 同音字篇 冬

扫码听儿歌

扫二维码观看汉字小动画　扫二维码观看汉字小动画

dōng　zhǐ dōng fāng tài yáng shēng
"东"指东方太阳升，

dà jiāng dōng qù shuō yīng xióng
大江东去说英雄。

zhōu yú zhàng zhōng méi jǐn suǒ
周瑜帐中眉紧锁，

zhū gě tì tā jiè dōng fēng
诸葛替他借东风。

dōng　zhǐ dōng tiān qì hòu lěng
"冬"指冬天气候冷，

tiān shàng xià xuě dì shàng bīng
天上下雪地上冰。

zhǐ yǒu méi huā kāi zhī tóu
只有梅花开枝头，

tā shuō zì jǐ tǐng kàng dòng
它说自己挺抗冻。

dōng 东：东方　东风　东北　旭日东升

dōng 冬：冬天　冬至　严冬　寒冬腊月

冷知识课堂

烂醉如泥的“泥”原来是一种虫子

你见过喝醉酒的人吗？他们东倒西歪，脚底发软，像极了没有骨头的虫子。对，就是虫子，烂醉如泥里的“泥”原本指的不是泥巴，而是一种虫子。

这种虫子生活在南海，长得像蚯蚓，因为没有骨头，它只能在水里游动，一旦到了岸上就不能动弹了。

所以古人把喝醉酒，瘫软在地的人比作“泥”。

四海为家中的“四海”指哪四海？

我们常常听到同学拍着胸口说，以后要四海为家，去浪迹天涯。这“四海”究竟是指哪四海呢？难道古人也看过世界地图，知道地球上有四个大洋？

真相是这样的。古人认为中国是一块大陆，四面都有海环绕，按照方位就是“东海”“南海”“西海”和“北海”，合起来就称为四海了。四海其实是泛指天下、全国的意思。

冷知识课堂

一毛不拔拔的是什么毛？

鸡毛？猴毛？想什么呢？虐待小动物是犯罪啊！

一毛不拔中的“毛”其实指的是腿毛。当初孟子挖苦一位朋友，说你只要拔掉身上的一根毫毛，就能让天下得到利益，可是你却不肯啊！

后来人们把这句话演变为成语“一毛不拔”，用来形容吝啬鬼。

半斤为什么等于八两？

半斤等于八两？不是等于五两吗？难道是缺德商人在缺斤短两？

还真不是这样。在古时候，半斤确实是等于八两的，因为当时的一斤是十六两，和现在不一样。

从秦始皇统一度量衡开始，半斤就等于八两了，一直到 1949 年以前都是如此，沿用了两千多年。

废 费

同音字篇

F

扫码听儿歌

bú zài shǐ yòng jiù shì fèi
不再使用就是“废”，

fèi xū fèi qì hé fèi shuǐ
废墟、废气和废水，

bù shuō fèi huà bú suì zuǐ
不说废话不碎嘴。

xiāo hào yòng dù jiù shì fèi
消耗用度就是“费”，

huā fèi làng fèi hé xiāo fèi
花费、浪费和消费，

fèi shí fèi lì rén zāo zuì
费时费力人遭罪。

fèi 废：废除　废止　废墟　废寝忘食

fèi 费：费劲　费事　浪费　费尽心思

分 份

同音字篇

扫码听儿歌

zhàn zài yuán dì huà gè quān
站在原地画个圈，

quān de biān yuán jiù shì fèn
圈的边缘就是“分”。

míng fèn běn fèn zài quān lǐ
名分、本分在圈里，

quān wài guò fèn hé fēi fèn
圈外过分和非分。

gǔ fèn yuè fèn hé shěng fèn
股份、月份和省份，

fèn shì zhěng tǐ yí bù fen
“份”是整体一部分。

shēn fèn shēn fen yì xiāng tóng
身份、身分意相同，

shēn fèn zhèng wài chū dài zài shēn
身份证外出带在身。

fèn 分：名分　成分　安分守己　恰如其分

fèn 份：月份　省份　股份　年份

斧 釜

扫码听儿歌

fǔ hé fǔ liǎ huǒ bàn
"斧"和"釜"，俩伙伴，

còu zài yì qǐ lái zuò fàn
凑在一起来做饭。

fǔ zi kǎn chái fǔ táo mǐ
斧子砍柴釜淘米，

shāo qǐ huǒ lái zhēng mǐ fàn
烧起火来蒸米饭。

fǔ zi xīn jí huǒ tài dà
斧子心急火太大，

mǐ fàn hú le fǔ bú gàn
米饭糊了釜不干。

fǔ zi yí nù zá suì fǔ
斧子一怒砸碎釜，

dōu è dù zi bié chī fàn
都饿肚子别吃饭。

fǔ 斧：斧子　斧头　斧正　班门弄斧

fǔ 釜：破釜沉舟　釜底抽薪

伏 服

扫码听儿歌

shàng shān mái fú dǎ yě zhū
上山埋**伏**打野猪，
bù xiǎng yě zhū shòu bǎo hù
不想野猪受保护，
bào tóu pā xià mǎn yǎn lèi
抱头趴下满眼泪，
rèn zuì fú fǎ xīn li kǔ
认罪**伏**法心里苦。
jǐng chá wèn wǒ fú bu fú
警察问我**服**不**服**？
xīn fú kǒu fú hé pèi fú
心**服**、口**服**和佩**服**，
cǎn tòng jiào xùn yào jì zhù
惨痛教训要记住，
zài yě bù néng dǎ yě zhū
再也不能打野猪。

fú **伏**：埋伏　伏案　伏法　降龙伏虎

fú **服**：服气　信服　佩服　服装

副 付

同音字篇

扫码听儿歌

fù shì cì yào hé fǔ zhù
“副”是次要和辅助，

chuán zhǎng fù shǒu jiào dà fù
船长副手叫大副。

ròu dàn qín nǎi hé mó gu
肉、蛋、禽、奶和蘑菇，

fù shí zhǒng lèi hěn fēng fù
副食种类很丰富。

fù de yì si shì gěi chū
“付”的意思是给出，

jiāo fù zhī fù hé tuō fù
交付、支付和托付。

fū yǎn liǎo shì jiào yìng fu
敷衍了事叫应付，

fù zhī yí xiào bié zài hu
付之一笑别在乎。

fù
副

副手 副业 副本 副食

fù
付

支付 付款 付出 托付

奋 愤

同音字篇

扫码听儿歌

fèn hé fèn dōu tǐng pīn
“奋”和“愤”，都挺拼，

yǒu shá qū bié qǐng tīng zhēn
有啥区别请听真。

fèn shì zhèn zuò hé gǔ jìnr
“奋”是振作和鼓劲儿，

fèn dòu fèn yǒng hé zhèn fèn
奋斗、奋勇和振奋，

fā fèn de rén yǒu jīng shen
发奋的人有精神。

fèn shì pēn chū yuàn hé hèn
“愤”是喷出怨和恨，

fèn nù fèn kǎi hé qì fèn
愤怒、愤慨和气愤，

yì fèn tián yīng xiōng kǒu mèn
义愤填膺胸口闷。

fèn
奋

奋斗　振奋　勤奋　奋不顾身

fèn
愤

愤怒　愤慨　气愤　义愤填膺

盖 概

同音字篇

G

三条边一样长的三角形

扫码听儿歌

guō gài píng gài tiān líng gài
锅盖、瓶盖、天灵盖，

yǒu gè dōng xi lái fù gài
有个东西来覆盖，

pū tiān gài dì bào yǔ lái
铺天盖地暴雨来。

gài kuò gài mào hé dà gài
概括、概貌和大概，

cū lüè de yào diǎn jiào gěng gài
粗略的要点叫梗概，

yǐ piān gài quán bù yīng gāi
以偏概全不应该。

gài
盖

盖子　锅盖　井盖　铺天盖地

gài
概

概括　概况　概念　以偏概全

杆 竿

同音字篇

扫码听儿歌

gān hé gān zhǎng de xiàng

“杆”和“竿”，长得像，

shēn tǐ xì cháng bù yí yàng

身体细长不一样。

gān zì yǒu mù gèng cū zhuàng

“杆”字有“木”更粗壮，

qí gān wéi gān diàn xiàn gān

旗杆、桅杆、电线杆，

yāo gān bǐ zhí bǎ tóu yáng

腰杆笔直把头扬。

gān zì yǒu zhú zài tóu shang

“竿”字有“竹”在头上，

zhú gān huá gān diào yú gān

竹竿、滑竿、钓鱼竿，

bǎi chǐ gān tóu yào gèng qiáng

百尺竿头要更强。

gān 杆：木杆　旗杆　桅杆　栏杆

gān 竿：竹竿　钓鱼竿　百尺竿头　立竿见影

工 功

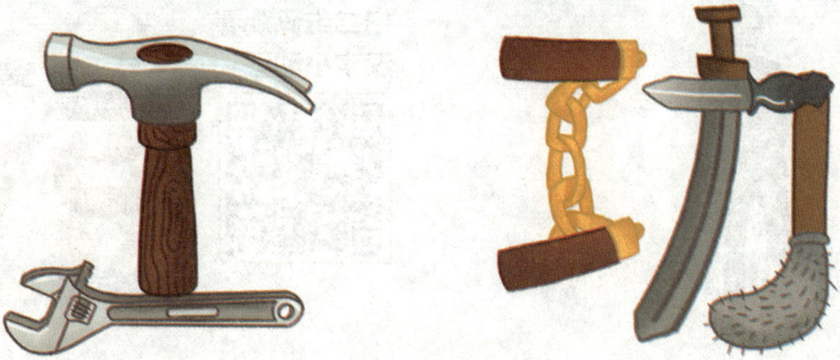

扫码听儿歌

gōng chǎng gōng rén hé gōng zuò
工厂、工人和工作，

dǎ gōng zhuàn qián tǎo shēng huó
打工赚钱讨生活。

gōng láo gōng jì hé gōng xūn
功劳、功绩和功勋，

zuò chū chéng jì tīng sòng gē
做出成绩听颂歌。

yǒu gōng fu shì shuō rén de néng nài dà
有功夫是说人的能耐大，

xià gōng fu shì shuō huā de shí jiān duō
下工夫是说花的时间多，

yì qū tóng gōng yǒu zhe xiāng tóng de xiào guǒ
异曲同工有着相同的效果。

gōng 工：工人　工业　手工　工作

gōng 功：功劳　成功　功夫　论功行赏

同音字篇

股
骨
鼓

扫二维码观看汉字小动画

扫码听儿歌

gǔ shì dà tuǐ yào jì zhù
"股"是大腿要记住，

cì gǔ jiù shì zhā dà tuǐ
"刺股"就是扎大腿，

xuán liáng cì gǔ bú yòng gǔ
悬梁刺股不用"骨"。

tí shēng shì qì yào léi gǔ
提升士气要擂鼓，

yì gǔ jiù shì tóu biàn gǔ
"一鼓"就是头遍鼓，

yì gǔ zuò qì měng rú hǔ
一鼓作气猛如虎。

gǔ 股：入股　股东　股份　悬梁刺股

gǔ 骨：骨头　骨气　骨髓　钢筋铁骨

gǔ 鼓：锣鼓　擂鼓　鼓舞　一鼓作气

xué fèi　　xué fèi

学费—学废

xué fèi

学费：学校规定的学生在校学习应缴纳的费用。

例句：妈妈让我放心读书，不要担心学费问题。

fèi

如果你错写成了**学废**……

"废"字的意思是不再使用，如废墟、废气、废水等；"费"字的意思是消耗用度，如花费、浪费、消费等。

yí fèn yì fēn
一份——一分

yí fèn
一份：表示某个组合起来的整体。
例句：猪小戒买了一份报纸。

fēn
如果你错写成了一分……

“分”可以用来表示整体的十分之一，也就是“一成”，表示很少的数量。比如“有一分热，发一分光”等。“份”则表示某个组合起来的整体，例如“一份礼物”“一份早餐”等。

钢 刚

同音字篇

扫码听儿歌

gāng hé gāng shuí gèng qiáng
"钢"和"刚"，谁更强？

nǐ lái tīng wǒ jiǎng yi jiǎng
你来听我讲一讲。

tiě jīng bǎi liàn kě chéng gāng
铁经百炼可成"钢"，

gāng cái gāng jīn bú xiù gāng
钢材、钢筋、不锈钢，

xìng néng yuǎn bǐ tiě yào qiáng
性能远比铁要强。

gāng shì jiān yìng hé jiān qiáng
"刚"是坚硬和坚强，

gōng rén yòng de jīn gāng zuàn
工人用的金刚钻，

zuān tòu gāng bǎn méi shāng liang
钻透钢板没商量。

gāng 钢：钢铁　钢笔　钢琴　百炼成钢

gāng 刚：刚强　刚才　金刚石　刚正不阿

同音字篇

鬼 诡

扫码听儿歌

guǐ hé guǐ bù yí yàng
“鬼”和“诡”，不一样，

tā men liǎng gè lái pèng zhuàng
它们两个来碰撞。

guǐ shì yīn xiǎn bù chǎng liàng
“鬼”是阴险不敞亮，

guǐ huà guǐ tāi hé dǎo guǐ
鬼话、鬼胎和捣鬼，

guǐ guǐ suì suì bú xiàng yàng
鬼鬼祟祟不像样。

guǐ shì guài yì bù xún cháng
“诡”是怪异不寻常，

qí guǐ diào guǐ hé guǐ yì
奇诡、吊诡和诡异，

yīn móu guǐ jì bié shàng dàng
阴谋诡计别上当。

guǐ
鬼

鬼魂　鬼怪　魔鬼　捣鬼

guǐ
诡

诡异　奇诡　行踪诡秘　阴谋诡计

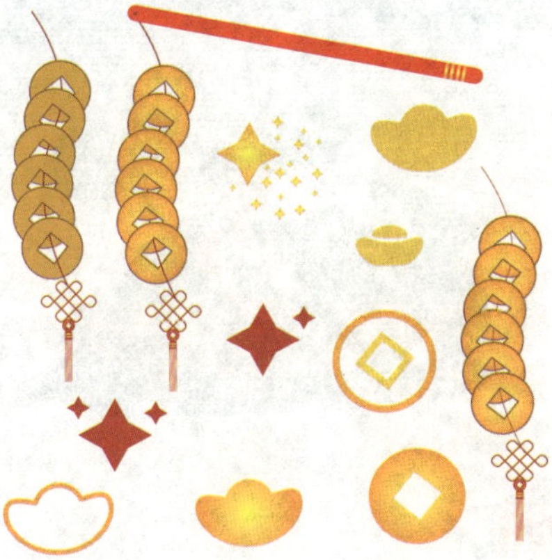

贯 灌

同音字篇

扫码听儿歌

guàn zì shàng miàn de yì héng
"贯"字上面的一横，

tā shì shéng er bǎ tóng qián chuàn
它是绳儿把铜钱串。

lián guàn guàn chè hé guàn tōng
连贯、贯彻和贯通，

quán shén guàn zhù zhēn yòng gōng
全神贯注真用功。

guàn shì yòng shuǐ wǎng lǐ chōng
"灌"是用水往里冲，

guàn gài guàn cháng guàn chàng piàn
灌溉、灌肠、灌唱片，

tí hú guàn dǐng rén cōng míng
醍醐灌顶人聪明。

guàn
贯

贯通　全神贯注　如雷贯耳　万贯家财

guàn
灌

灌溉　灌输　浇灌　醍醐灌顶

画 划

扫码听儿歌

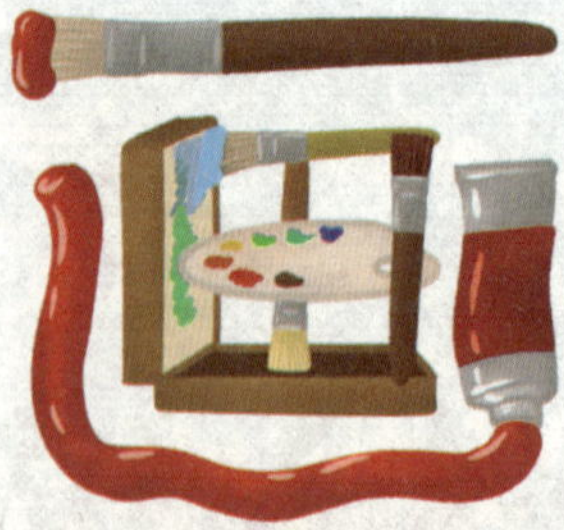

H

huì huà shū huà hé zì huà
绘**画**、书**画**和字**画**，

huà huà de rénr jiào huà jiā
画画的人儿叫**画**家。

shēng pà bié rén tīng bu dǒng
生怕别人听不懂，

zhǐ shǒu huà jiǎo jǐn bǐ hua
指手**画**脚紧比**画**。

cè huà móu huà hé chóu huà
策**划**、谋**划**和筹**划**，

xiān yǒu jì huà hòu kāi fā
先有计**划**后开发。

huà fēn huà guī huà shí dài
划分、**划**归、**划**时代，

fēn qīng guī shǔ yì yì dà
分清归属意义大。

huà **画**：绘画　图画　刻画　指手画脚

huà **划**：划分　计划　谋划　出谋划策

换 幻

同音字篇

扫码听儿歌

huàn de yì si shì gǎi biàn
"换"的意思是改变，

jiāo huàn biàn huàn hé tì huàn
交换、变换和替换，

zhuǎn huàn jiǎo dù gèng quán miàn
转换角度更全面。

bù zhēn shí de jiù shì huàn
不真实的就是"幻"，

xū huàn mèng huàn hé kē huàn
虚幻、梦幻和科幻，

biàn huàn mò cè bú yòng huàn
变幻莫测不用"换"。

huàn
换

更换　交换　变换　改天换地

huàn
幻

梦幻　虚幻　幻想　变幻莫测

荒

慌

扫码听儿歌

yě cǎo biàn dì wú rén yān
野草遍地无人烟，

huāng yuán kāi huāng hǎo zhòng tián
荒原开**荒**好种田。

shōu cheng bù hǎo huāng nián dào
收成不好**荒**年到，

bīng huāng mǎ luàn shì dào jiān
兵**荒**马乱世道艰。

xīn li zhǎng cǎo shì huāng luàn
心里长草是**慌**乱，

huāng zhāng huāng máng rén bù ān
慌张、**慌**忙人不安。

jīng huāng shī cuò zěn me bàn
惊**慌**失措怎么办？

dà yǎn xiǎo yǎn gān dèng yǎn
大眼小眼干瞪眼。

huāng
荒：荒芜　荒废　开荒　兵荒马乱

huāng
慌：慌张　慌乱　心慌　惊慌失措

惠 慧

优惠10元

gěi rén hǎo chù jiù shì huì
给人好处就是"惠",

ēn huì yōu huì hé shí huì
恩惠、优惠和实惠。

wēn róu néng gàn shì xián huì
温柔能干是贤惠,

hù huì hù lì shuí fǎn duì
互惠互利谁反对?

cōng míng cái zhì yě jiào huì
聪明才智也叫"慧",

zhì huì cōng huì hé yǐng huì
智慧、聪慧和颖慧。

xīn si tōng tòu yǒu huì gēn
心思通透有慧根,

píng fán shēng chū dà zhì huì
平凡生出大智慧。

扫码听儿歌

huì
惠

恩惠　实惠　优惠　贤惠

huì
慧

智慧　聪慧　慧心　独具慧眼

告别错别字

会 汇

同音字篇

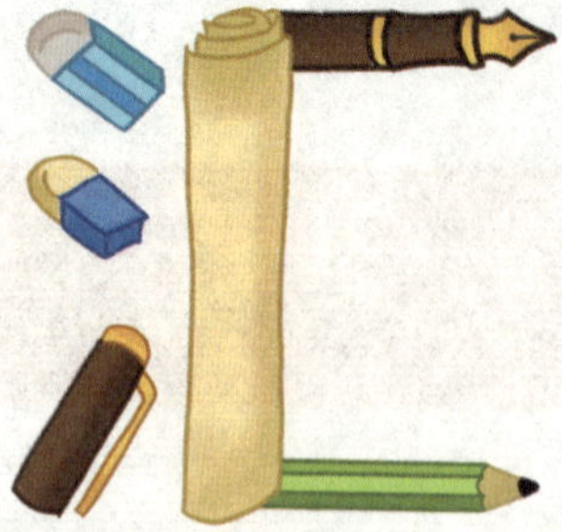

扫码听儿歌

dōng yí duì xī yí duì
东一队，西一队，

jù zài yì qǐ kāi dà huì
聚在一起开大**会**。

huì shàng fā yán bié zháo jí
会上发言别着急，

jìng jìng zuò zhe děng yí huìr
静静坐着等一**会**儿。

nán hé shuǐ běi hé shuǐ
南河水，北河水，

hé liú huì hé jiào zuò huì
河流**汇**合叫作“**汇**”。

zhěng lǐ guī lǒng shì huì zǒng
整理归拢是**汇**总，

quán bù cí yǔ jiào cí huì
全部词语叫“词**汇**”。

huì
会

会议 开会 晚会 会场

huì
汇

汇聚 汇报 词汇 汇款

洪 鸿

扫码听儿歌

hóng shì dà shuǐ rén kǒng huāng
"洪"是大水人恐慌，

fēn hóng xiè hóng shàng xià máng
分洪、泄洪上下忙。

zhàn shì kàng hóng lái qiǎng xiǎn
战士抗洪来抢险，

shēng yīn hóng liàng yì zhì qiáng
声音洪亮意志强。

hóng shì dà yàn fēi shàng tiān
鸿是大雁飞上天，

tài shān hóng máo xì sī liang
泰山鸿毛细思量。

bà wáng shè xià hóng mén yàn
霸王设下鸿门宴，

liú bāng xìng kuī yǒu zhāng liáng
刘邦幸亏有张良。

hóng 洪：山洪 洪水 抗洪 洪亮

hóng 鸿：鸿雁 鸿儒 鸿门宴 鸿鹄之志

计 记

扫码听儿歌

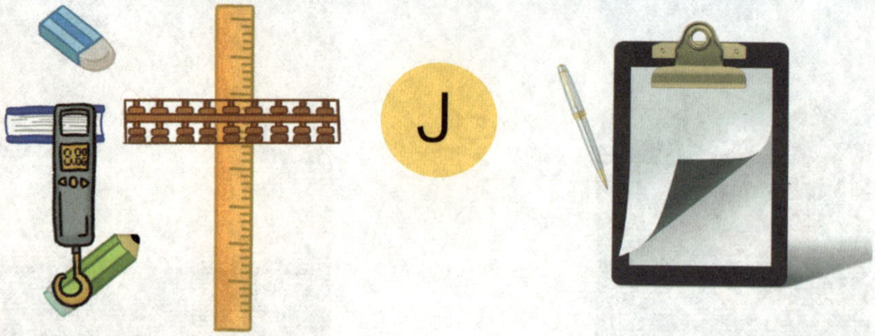

jì　hé　jì　bù fú qì

"计"和"记"，不服气，

yǒu shá běn shi bǐ yi bǐ

有啥本事比一比：

jì　zì shuō tā huì jì suàn

"计"字说它会计算，

bāng rén jì huà chū zhǔ yi

帮人计划出主意；

jì　zì shuō tā jì xing hǎo

"记"字说它记性好，

jì yì cún zài nǎo dai li

记忆存在脑袋里。

tā liǎ shuí de běn shi dà

它俩谁的本事大？

qǐng nǐ píng pàn lái hé jì

请你评判来合计。

jì 计：计算　计谋　计划　不计其数

jì 记：记忆　记性　记录　日记

huǎng yán　　huāng yán

谎言—慌言

huǎng yán

谎言： 假的、骗人的话；不真实的话。

例句： 谎言漏洞百出，总有真相大白的一天。

huāng

如果你错写成了**慌**言……

“谎”字的左边是“讠”，是言字旁，意思是假话、不真实的意思。而“慌”字的左边是“忄”，右边是“荒”，联合起来表示“好像人到了野草丛生的沼泽地的感觉”，表示不安定、无着落、恐惧、害怕和忙乱的意思。

不计其数—不记其数

bú jì qí shù　　bú jì qí shù

不计其数（bú jì qí shù）：形容数量极多，无法计算。

例句：在浩瀚的宇宙中，有不计其数的星球。

如果你错写成了**不记（jì）其数**……

“计”字的意思是计算、测量，不计其数就是表示数量多到无法计算；“记”字的意思是把印象保持在脑子里，如记录、记载、登记等。

继 既

扫码听儿歌

jì　de yì si shì jiē xù
"继"的意思是接续，

jì chéng　jì xù hé xiāng jì
继承、继续和相继。

jì wǎng kāi lái qiáo liáng qǐ
继往开来桥梁起，

wén míng huǒ zhǒng zài chuán dì
文明火种在传递。

jì　shì wán chéng hé guò qù
"既"是完成和过去，

jì rán　jì ér hé jì yǐ
既然、既而和既以。

jì wǎng bú jiù cáng zhì huì
既往不咎藏智慧，

quán lì kāi chuàng xīn tiān dì
全力开创新天地。

jì 继：继续　继承　夜以继日　继往开来

jì 既：既然　既而　一如既往　既往不咎

坚 艰

扫码听儿歌

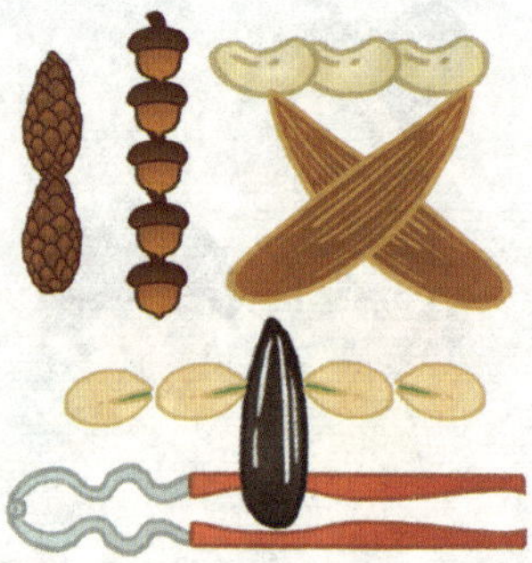

jiān hé jiān bú yì bān
"坚"和"艰"，不一般，

yí gè yìng lái yí gè nán
一个硬来一个难。

jiān yìng jiān gù hé jiān chí
坚硬、坚固和坚持，

xīn bú dòng yáo rú pán shí
心不动摇如磐石，

jiān jué yào bǎ gāo fēng pān
坚决要把高峰攀。

jiān nán jiān kǔ hé jiān xiǎn
艰难、艰苦和艰险，

bù lǚ wéi jiān xíng lù nán
步履维艰行路难，

yǒu zhǒng jīng shén jiào lè tiān
有种精神叫乐天。

jiān 坚：坚硬　坚固　坚决　坚如磐石

jiān 艰：艰难　艰苦　艰险　步履维艰

简 减

$1+1=2$ 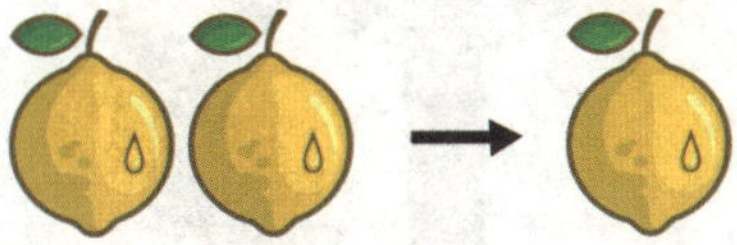

zhú jiǎn mù jiǎn hé shū jiǎn
竹简、木简和书简，

wén zì kè xiě jiǎn shàng miàn
文字刻写简上面。

zhú jiǎn nán dé pà fán suǒ
竹简难得怕烦琐，

jiǎn yào jiǎn jié hé jiǎn liàn
简要、简洁和简练。

jiǎn shì jiǎn shǎo shù liàng biàn
“减”是减少数量变，

jiā jiǎn chéng chú sì yùn suàn
加减乘除四运算。

jiǎn jià jiǎn chǎn hé jiǎn yuán
减价、减产和减员，

tōu gōng jiǎn liào rén rén yàn
偷工减料人人厌。

扫码听儿歌

jiǎn
简

竹简 简单 简洁 删繁就简

jiǎn
减

缩减 减少 减轻 偷工减料

节 结

扫码听儿歌

zhú zi yì jié yòu yì jié
竹子一**节**又一**节**，

bú pà fēng yǔ yǒu qì jié
不怕风雨有气**节**。

jié rì jié mù hé jié zòu
节日、**节**目和**节**奏，

ài xī liáng shi yào jié yuē
爱惜粮食要**节**约。

jì gè gē da jiù shì jié
系个疙瘩就是“**结**”，

shéng jié wǎng jié hú dié jié
绳**结**、网**结**、蝴蝶**结**。

duō fāng jié hé duō cān kǎo
多方**结**合多参考，

jié jiāo péng you kàn shì jiè
结交朋友看世界。

jié
节：竹节　节气　节日　节奏

jié
结：打结　结交　结合　归根结底

斤 金

同音字篇

扫码听儿歌

jīn hé jīn dà bǐ pīn
"斤"和"金"，大比拼：

jīn shuō zì jǐ zhī qīng zhòng
"斤"说自己知轻重，

wàn wù jīn liǎng jì zài xīn
万物斤两记在心。

jīn shuō zì jǐ hěn guì zhòng
"金"说自己很贵重，

shì shàng rén rén ài huáng jīn
世上人人爱黄金。

jīn shuō wǒ běn shì fǔ zi
"斤"说我本是斧子，

bǎ nǐ zá le xìn bu xìn
把你砸了信不信？

jīn shuō bié lái zhè yí tào
"金"说别来这一套，

zào fǔ de gāng tiě shǔ wǔ jīn
造斧的钢铁属五金。

jīn
斤：斤斗　公斤　斤两　斤斤计较

jīn
金：黄金　金子　金属　一诺千金

具 俱

同音字篇

扫码听儿歌

jù　　shì jù bèi hé jù tǐ
"具"是具备和具体，

hái zhǐ zhì bàn de dōng xi
还指置办的东西。

gōng jù　nóng jù hé jiā jù
工具、农具和家具，

hái zi xǐ huan wán wán jù
孩子喜欢玩玩具。

jù lè bù li zuò yóu xì
俱乐部里做游戏，

yì yīng jù quán bù róng yì
一应俱全不容易。

quē shǎo wán jù zěn me bàn
缺少玩具怎么办？

wǒ bǎ wán jù jiè gěi nǐ
我把玩具借给你。

jù
具：具备　具体　工具　独具匠心

jù
俱：俱乐部　面面俱到　一应俱全

绝 决

考试必胜

jué hé jué dōu tǐng juè
“绝”和“决”，都挺倔，

zhǎo gè lèi tái lái duì jué
找个擂台来对决。

duàn jué dù jué hé miè jué
断绝、杜绝和灭绝，

jué duì wú qíng shì zuò jué
绝对无情事做绝。

jué duàn jué rán hé jué dìng
决断、决然和决定，

jué xīn xià dìng gèng jiān jué
决心下定更坚决。

gēr liǎ shuí dōu bù fú shuí
哥儿俩谁都不服谁，

tuò mo luàn fēi yǎn jing xié
唾沫乱飞眼睛斜。

扫码听儿歌

jué 绝：断绝　绝对　绝望　绝无仅有

jué 决：决口　决定　决心　决不罢休

克 刻

扫码听儿歌

K

shí zì xià tou bǎ xiōng kè
“十”字下头把“兄”克，

kè kòu liáng xiǎng tài quē dé
克扣粮饷太缺德。

zòng shǐ nán guān yí zuò zuò
纵使难关一座座，

lū qǐ xiù zi quán gōng kè
撸起袖子全攻克。

diāo kè shì mén shǒu yì huór
雕刻是门手艺活儿，

lǐ jiě bú tòu duō zuó mo
理解不透多琢磨。

shí shí kè kǔ bú kè bǎn
时时刻苦不刻板，

kè zhōu qiú jiàn yào bu de
刻舟求剑要不得。

kè 克：攻克　克服　克制　克己奉公

kè 刻：雕刻　深刻　刻板　刻舟求剑

恳 垦

同音字篇

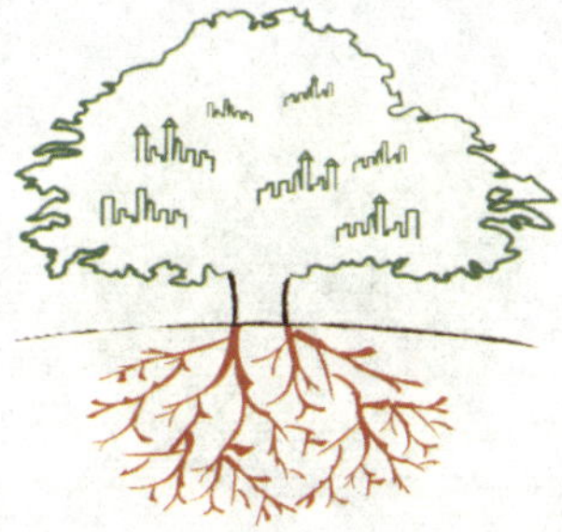

扫码听儿歌

kěn hé kěn dōu yǒu gèn
“恳”和“垦”，都有“艮”，

gèn kě lǐ jiě wéi zhā gēn
“艮”可理解为扎根。

zhā gēn xīn tóu jiù shì kěn
扎根心头就是“恳”，

kěn qiú kěn qǐng hé kěn qiè
恳求、恳请和恳切，

xīn si chéng kěn cái dòng rén
心思诚恳才动人。

zhā gēn tǔ li jiù shì kěn
扎根土里就是“垦”，

nóng kěn tún kěn hé kāi kěn
农垦、屯垦和开垦，

fān tǔ kěn huāng tiān dì xīn
翻土垦荒天地新。

kěn 恳：诚恳　勤恳　恳求　恳切

kěn 垦：开垦　农垦　屯垦　垦荒

烂 滥

同音字篇

扫码听儿歌

L

zhǔ de tài shú shì ruǎn làn
煮得太熟是软烂，

shí wù huài le shì fǔ làn
食物坏了是腐烂，

chuāng hu zá de xī bā làn
窗户砸得稀巴烂，

làn tān zi liú xià shuí lái guǎn
烂摊子留下谁来管？

hé shuǐ yì chū shì fàn làn
河水溢出是泛滥，

bù jiā jié zhì làn yòng quán
不加节制滥用权，

yòng rén nìng quē bù néng làn
用人宁缺不能滥。

làn
烂

绚烂　腐烂　破烂　灿烂

làn
滥

泛滥　宁缺毋滥　滥竽充数　陈词滥调

一诺千金——一诺千斤

一诺千金：指许下的一个诺言有千金的价值。形容一个人很讲信用，说话算数。

例句：孙小空不会轻易许下诺言，因为他一诺千金。

如果你错写成了**一诺千斤**……

“金”字的意思原指青铜，后来特指黄金，也泛指金属，如金子、五金等；“斤”字原指斧子，后来被借用指质量单位，如一斤、公斤等。

盘根错节—盘根错结

pán gēn cuò jié pán gēn cuò jié

盘根错节(pán gēn cuò jié)：原义是树木根干盘曲，枝节交错。比喻事物的关系错综复杂，很难处理。

例句：这一棵古老的榕树根系发达，盘根错节。

如果你错写成了**盘根错结**(jié)……

“节”字本义是竹节，引申指事物的分节、分段、段与段之间连接的地方等，如节气、节奏等；“结”字是在条状物上打疙瘩，如打结、总结、蝴蝶结等。

历 厉 励

lì　lì　lì　dōu niàn
历、**厉**、**励**，都念“lì”，

yǒu shá bù tóng kàn zhè lǐ
有啥不同看这里。

lì　shì jīng guò hé zǒu guò
“**历**”是经过和走过，

lì shǐ jì xià qián rén zú jì
历史记下前人足迹。

lì　běn shì kuài mó dāo shí
“**厉**”本是块磨刀石，

zài jiē zài lì　bīng qì yuè mó yuè fēng lì
再接再**厉**，兵器越磨越锋利。

lì　shì quàn miǎn hé dǎ qì
“**励**”是劝勉和打气，

shí shí gǔ lì bié dǎ jī
时时鼓**励**别打击。

扫码听儿歌

lì **历**：历史　经历　日历　历历在目

lì **厉**：厉害　严厉　雷厉风行　再接再厉

lì **励**：鼓励　激励　励志　励精图治

练 炼

扫码听儿歌

liàn　hé　liàn　chà bu duō
“练”和“炼”，差不多，

nǎ lǐ bù tóng tīng wǒ shuō
哪里不同听我说。

liàn　shì fǎn fù lái cāo zuò
“练”是反复来操作，

liàn xí　liàn zì hé liàn bǐ
练习、练字和练笔，

yí biàn yí biàn rèn zhēn mó
一遍一遍认真磨。

liàn　shì tí chún dài zhe　huǒ
“炼”是提纯带着“火”，

liàn gāng　liàn yóu hé liàn rǔ
炼钢、炼油和炼乳，

tí liàn shì gè xì zhì huór
提炼是个细致活儿。

liàn
练：练习　练功　训练　熟练

liàn
炼：提炼　磨炼　炼钢　千锤百炼

礼 理

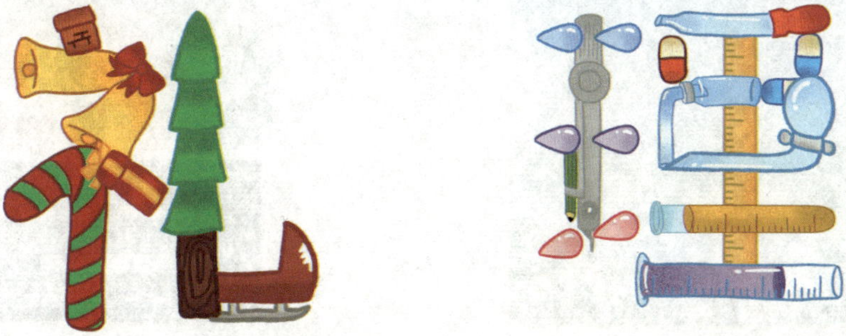

“礼”和“理”，在一起，
有啥不同比一比。
“礼”是仪式和规矩，
婚礼、葬礼和典礼，
文明礼貌人人喜。
“理”是规律和根据，
理解、理由和道理，
做事应该有条理。

扫码听儿歌

礼 lǐ：礼仪　礼貌　礼物　礼尚往来

理 lǐ：条理　理由　理想　管理

流 留

扫码听儿歌

liú hé liú zhèng xiāng fǎn
“流”和“留”，正相反，

yí gè yí dòng yí gè zhàn
一个移动一个站。

hé liú qì liú hé diàn liú
河流、气流和电流，

bēn liú bù xī yǒng xiàng qián
奔流不息永向前。

tíng liú bǎo liú hé wǎn liú
停留、保留和挽留，

bù rěn lí qù shì liú liàn
不忍离去是留恋。

liú lián wàng fǎn bú yòng liú
流连忘返不用“留”，

liú fāng bǎi shì měi míng chuán
流芳百世美名传。

liú
流

流水 河流 气流 流芳百世

liú
留

停留 留下 留恋 收留

兰 蓝 篮

同音字篇

lán lán lán dōu niàn
兰、蓝、篮，都念“lán”，
yì si bù tóng zǐ xì kàn
意思不同仔细看。
lán shì shān zhōng lán huā cǎo
兰是山中兰花草，
chūn fēng chuī kāi bái yù lán
春风吹开白玉兰。
lán shì qíng tiān de yán sè
蓝是晴天的颜色，
bái yún duǒ duǒ bàn lán tiān
白云朵朵伴蓝天。
lán shì zhú kuāng yǒu tí liáng
篮是竹筐有提梁，
huā lán zhú lán zhēn hǎo kàn
花篮、竹篮真好看。

扫码听儿歌

lán 兰：兰草　兰花　木兰　义结金兰

lán 蓝：蓝天　蔚蓝　蓝图　青出于蓝

lán 篮：竹篮　花篮　篮球　投篮

名 明

同音字篇

M

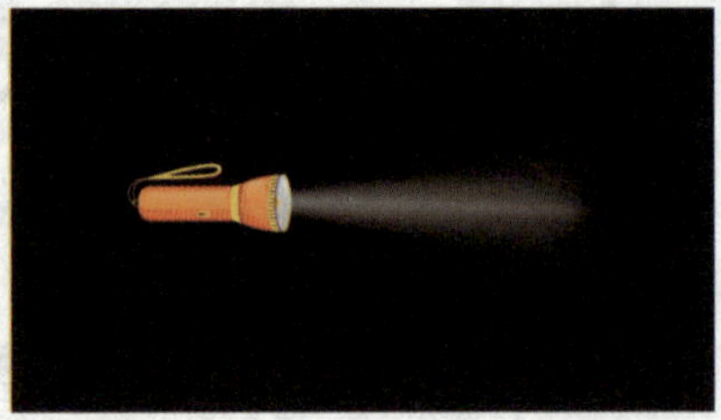

nǐ xìng shá, jiào shá míng
你姓啥，叫啥**名**？

rén rén dōu yǒu xìng hé míng
人人都有姓和**名**。

rén míng、dì míng、dòng wù míng
人**名**、地**名**、动物**名**，

lǎo shī shàng kè yào diǎn míng
老师上课要点**名**。

hēi duì bái, àn duì míng
黑对白，暗对**明**，

rén rén xīn zhōng yǒu guāng míng
人人心中有光**明**。

míng bai、míng liǎo hé míng què
明白、**明**了和**明**确，

lǎo shī kuā nǐ zhēn cōng míng
老师夸你真聪**明**。

扫码听儿歌

míng
名

名字　姓名　名声　名胜古迹

míng
明

明亮　明白　明确　眼明手快

冒 贸

同音字篇

扫码听儿歌

méng zhù yǎn jing jiù shì mào
蒙住眼睛（目）就是“冒”，

lǔ mǎng yīn wèi kàn bu dào
鲁莽因为看不到。

mào shi mào mèi hé mào xiǎn
冒失、冒昧和冒险，

tiān liáng xiǎo xīn bié gǎn mào
天凉小心别感冒。

cái wù jiāo huàn zuò shāng mào
财物交换做商贸，

wài mào nèi mào hé biān mào
外贸、内贸和边贸。

mào rán xíng shì tài qīng shuài
贸然行事太轻率，

yào yǒu nài xīn bié jí zào
要有耐心别急躁。

mào
冒

感冒　冒险　冒失　冒充

mào
贸

贸易　外贸　商贸　贸然行事

努 弩

N

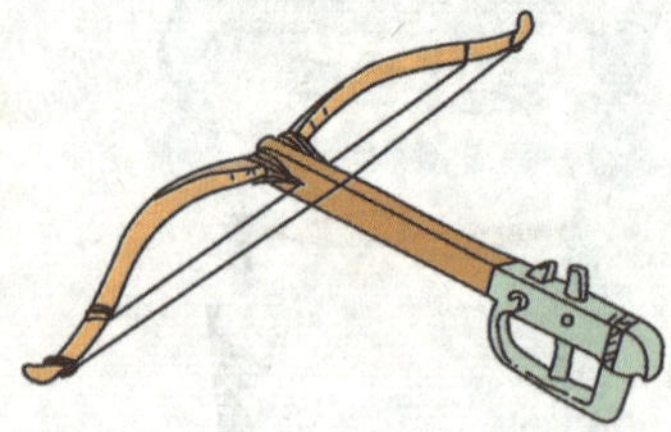

扫码听儿歌

nǔ hé nǔ dōu yǒu nú
"努"和"弩"，都有"奴"，

wèi shá zhè yàng shuō qīng chu
为啥这样说清楚。

nú lì shòu qì bù gǎn chū
奴隶受气不敢出，

shēn shàng biē zhe yì gǔ jìnr
身上憋着一股劲儿（力），

nǐ shuō nǔ de néng liàng zú bu zú
你说"努"的能量足不足？

nǔ lā xián lái jiàn bù fā
弩拉弦来箭不发，

yě shì xiān bǎ jìnr biē zú
也是先把劲儿憋足。

nǔ 努：努力　努嘴　努力不懈

nǔ 弩：弩箭　弩炮　弓弩　弩手

青 清

扫码听儿歌

shān qīng qīng, cǎo qīng qīng,
山青青，草青青，

wú xiàn shēng jī rù yǎn zhōng.
无限生机入眼中。

qīng sōng、qīng tái hé qīng cài,
青松、青苔和青菜，

qīng chūn shào nián lái tà qīng.
青春少年来踏青。

shān qīng qīng, shuǐ qīng qīng,
山青青，水清清，

"qīng" zì yǒu shuǐ gèng tòu míng.
“清”字有水更透明。

qīng quán、qīng liú hé qīng chè,
清泉、清流和清澈，

qīng chá yì bēi rén qīng xǐng.
清茶一杯人清醒。

qīng 青：青草　青菜　踏青　青山绿水

qīng 清：清水　清澈　清新　山清水秀

欠 歉

扫码听儿歌

dú shū lèi le dǎ hā qian
读书累了打哈欠，

qiàn shēn ér qǐ huí fáng mián
欠身而起回房眠。

jīn tiān qiàn zhàng jì xīn shàng
今天欠账记心上，

míng tiān bǔ huí bié tuō qiàn
明天补回别拖欠。

duì bu zhù rén shuō bào qiàn
对不住人说抱歉，

shēn shēn qiàn yì guà xīn jiān
深深歉意挂心间。

shōu cheng bù hǎo qiàn shōu nián
收成不好歉收年，

yì tiān sān dùn hē xī fàn
一天三顿喝稀饭。

qiàn 欠：哈欠　欠身　欠缺　拖欠

qiàn 歉：歉意　抱歉　道歉　歉收

yán lì yán lì

严厉—严励

yán lì

严厉：严肃而厉害。

例句：妈妈严厉地批评了我不端正的坐姿。

如果你错写成了严励……

“厉”字有猛烈、严肃、严厉、严格等意思，如严厉、厉害等；“励”字有鼓舞、勉励等意思，如鼓励、勉励等。

liàn xí liàn xí

练习—炼习

liàn xí

练习：反复做作业或训练等，以求熟练；为了巩固学习效果而安排的作业或训练等。

例句：弹钢琴要经常练习，才会熟能生巧。

liàn

如果你错写成了**炼**习……

“练”字指反复操作以求熟练，如练习、练字等；“炼”字指用火加热提纯，如炼铁、炼油、炼乳等。

旗 棋

同音字篇

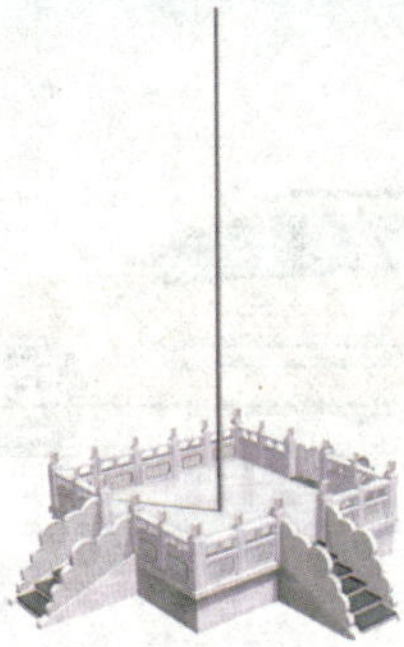

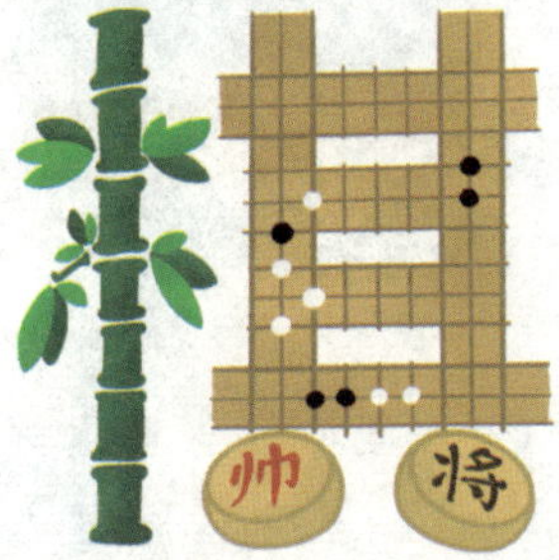

qīng chén qǐ lái kàn shēng qí
清晨起来看升旗，

shào xiān duì yuán qí xià jù
少先队员旗下聚。

qí shǒu yì huī fēng jiè lì
旗手一挥风借力，

hóng qí zhāo zhǎn zhèng shēng qǐ
红旗招展正升起。

wéi qí xiàng qí hé jūn qí
围棋、象棋和军棋，

qí pán shàng miàn lái yóu xì
棋盘上面来游戏。

jǔ qí bú dìng zài sī suǒ
举棋不定在思索，

kàn qí de rén xiā zháo jí
看棋的人瞎着急。

扫码听儿歌

qí
旗

旗子　旗帜　旗号　旗手

qí
棋

围棋　象棋　棋盘　星罗棋布

气 汽

同音字篇

扫码听儿歌

hū xī zhī jiān yǒu kōng qì
呼吸之间有空气，

yǎng qì piàn kè bù néng lí
氧气片刻不能离。

qì wēn shēng gāo pí qi zào
气温升高脾气躁，

dǎ kāi kōng tiáo chuī lěng qì
打开空调吹冷气。

wǎ tè gǎi liáng zhēng qì jī
瓦特改良蒸汽机，

tí gōng jī qì yuán dòng lì
提供机器原动力。

qì chē huǒ chē biàn dì pǎo
汽车、火车遍地跑，

jiāng shàng qì chuán lā qì dí
江上汽船拉汽笛。

qì 气：空气　气味　气候　气氛

qì 汽：汽车　汽艇　汽油　汽水

雀

同音字篇

鹊

扫二维码观看汉字小动画

扫码听儿歌

què shì má què zhā zhā jiào
"雀"是麻雀喳喳叫，

xǐ huan zhā duī hé wán nào
喜欢扎堆和玩闹。

rú guǒ yù dào gāo xìng shì
如果遇到高兴事，

huān hū què yuè xiǎo zuǐ qiào
欢呼雀跃小嘴翘。

què shì xǐ què ài zhù cháo
"鹊"是喜鹊爱筑巢，

shēn shàng chuān zhe hēi bái páo
身上穿着黑白袍。

niú láng zhī nǚ lái xiāng huì
牛郎织女来相会，

tè dì qǐng tā dā què qiáo
特地请它搭鹊桥。

què 雀

麻雀 雀跃 雀斑 雀台

què 鹊

喜鹊 扁鹊 鹊桥 声名鹊起

告别错别字

同音字篇

是 事

扫码听儿歌

S

shì hé shì kāi ge huì
“是”和“事”，开个会，

fán shì diǎn tóu duì bu duì
凡事点头对不对？

shì shuō hěn duì zhè hěn duì
“是”说很对这很对，

zhè yàng shuí dōu bù dé zuì
这样谁都不得罪。

shì shuō zuò shì méi yuán zé
“事”说做事没原则，

bú biàn shì fēi hù nong guǐ
不辨是非糊弄鬼。

shí shì qiú shì jì xīn shàng
实事求是记心上，

méi yǒu yuán zé zhēn bú duì
没有原则真不对。

shì
是

是非　实事求是　各行其是

shì
事

事情　差事　事业　故事

上 尚

同音字篇

扫二维码观看
汉字小动画

shàng hé shàng bù yí yàng
“上”和“尚”，不一样，

yǒu shá qū bié tīng wǒ jiǎng
有啥区别听我讲。

shàng shì wèi zhì zài shàng miàn
“上”是位置在上面，

lóu shang chē shang kè táng shang
楼上、车上、课堂上，

zhòng yào shì qing jì xīn shàng
重要事情记心上。

shàng de yì si shì zūn chóng
“尚”的意思是尊崇，

shí shàng chóng shàng hé fēng shàng
时尚、崇尚和风尚，

lǐ shàng wǎng lái bú yào wàng
礼尚往来不要忘。

扫码听儿歌

shàng 上：上下　上面　上车　上课

shàng 尚：高尚　时尚　崇尚　礼尚往来

胜 盛

扫码听儿歌

dǎ bài duì fāng jiào zuò shèng
打败对方叫作“**胜**”，
shèng lì yōu shèng hé dé shèng
胜利、优**胜**和得**胜**，
shèng quàn zài wò chěng yīng xióng
胜券在握逞英雄。
xīng wàng rè liè jiào zuò shèng
兴旺热烈叫作“**盛**”，
shèng dà wàng shèng hé mào shèng
盛大、旺**盛**和茂**盛**，
shèng kuàng kōng qián shì fán róng
盛况空前是繁荣。

shèng
胜

胜利 优胜 胜任 胜券在握

shèng
盛

旺盛 盛世 盛大 繁荣昌盛

生 声 升

同音字篇

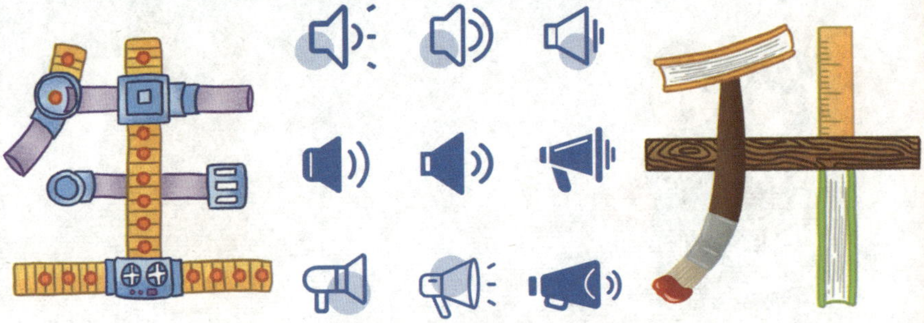

shēng shēng shēng bù xiāng tóng
生、声、升，不相同：

yǒu huó lì de jiào shēng mìng
有活力的叫生命，

bù shú xi de jiào mò shēng
不熟悉的叫陌生；

shēng yīn lái yuán yú zhèn dòng
声音来源于振动，

fēng shēng yǔ shēng dú shū shēng
风声、雨声、读书声；

wèi zhì shàng yí jiào tí shēng
位置上移叫提升，

qīng chén shēng qí tài yáng hóng
清晨升旗太阳红。

扫码听儿歌

shēng 生：生长　生命　生产　谈笑风生

shēng 声：声音　歌声　雷声　声泪俱下

shēng 升：升高　升迁　升华　歌舞升平

誓

同音字篇

势

扫码听儿歌

zhé jiàn wéi shì biǎo jué xīn
折箭为**誓**表决心，

jiàn gǎn zhé duàn huà yǔ zhēn
箭杆折断话语真。

fā shì lì shì hé xuān shì
发**誓**、立**誓**和宣**誓**，

shì yán láo jì bù wéi xīn
誓言牢记不违心。

xù lì bù fā qì shì chén
蓄力不发气**势**沉，

shì lì xíng chéng dì wèi wěn
势力形成地位稳。

qū shì qì shì hé jú shì
趋**势**、气**势**和局**势**，

yīn shì lì dǎo gèng shùn xīn
因**势**利导更顺心。

shì **誓**：誓言　发誓　宣誓　折箭为誓

shì **势**：势力　趋势　气势　势不两立

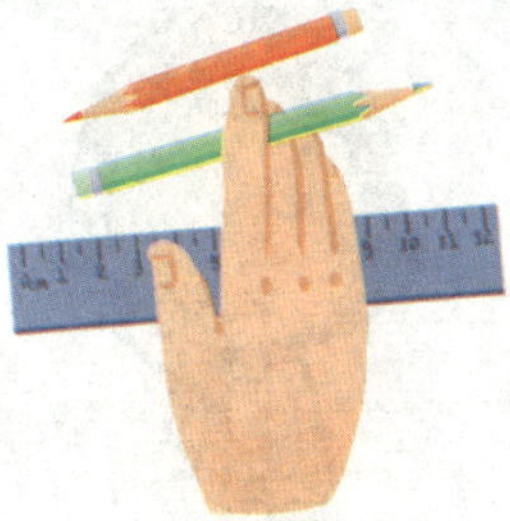

扫二维码观看
汉字小动画

手 首

扫码听儿歌

zuǒ shǒu yòu shǒu hǎo péng you
左手、右手好朋友，

tiān tiān jiàn miàn pāi pai shǒu
天天见面拍拍手。

yù dào kùn nan qí shēn shǒu
遇到困难齐伸手，

xué xí běn lǐng chéng néng shǒu
学习本领成能手。

shǒu de yì si jiù shì tóu
“首”的意思就是头，

huí shǒu jiù shì niǔ tóu chǒu
回首就是扭头瞅。

dài tóu de rén jiào shǒu lǐng
带头的人叫首领，

shǒu qū yì zhǐ zuì yōu xiù
首屈一指最优秀。

shǒu
手

shǒu
首

探 叹

扫码听儿歌

T

tàn hé tàn shì tóng bān
"探"和"叹"，是同班，
liǎ rén xìng gé bú yì bān
俩人性格不一般。
tàn shì jīng qí hé zuān yán
"探"是惊奇和钻研，
tàn qiú tàn tǎo hé tàn suǒ
探求、探讨和探索，
fán shì ài wèn yī èr sān
凡事爱问一二三。
tàn xǐ gǎn kǎi hé gǎn tàn
"叹"喜感慨和感叹，
tàn qì tàn xī hé bēi tàn
叹气、叹息和悲叹，
cháng xū duǎn tàn chóu duàn cháng
长吁短叹愁断肠。

tàn
探：探索　探讨　探身　探望

tàn
叹：叹气　叹息　赞叹　长吁短叹

冷知识课堂

旁门左道，为什么不是“右道”？

走左道的是旁门，难道走右边的都是好人吗？为什么没人说走右道？

这是因为中国古人以右为尊，在习惯上直接把与左道相对的说成正道，而没有右道这个说法。

蛛丝马迹的“马”竟然是蟋蟀的亲戚

马迹不应该是指马蹄印吗？

错了，错了！蛛丝马迹中的“马”指的不是骏马，而是蟋蟀的亲戚，名字叫“灶马”。

灶马喜欢生活在炉灶旁，爬过的地方就会留下痕迹，这些都是很细微的事物。马蹄印个大还明显，显然不符合，毕竟我们都知道，蛛丝马迹比喻的是不明显的线索。

冷知识课堂

一言九鼎是说讲信用吗?

经常听人吹嘘自己讲信用，答应别人的事都能做到，说话一言九鼎。但是他搞错了一件事，一言九鼎和讲信用没什么关系。

传说大禹治水成功后，把天下划分为九州，并用青铜铸造了九尊大鼎，一鼎象征一州，九鼎象征九州。九鼎从此成了国家的象征。

一言九鼎就是一句话就像九鼎那么重要，形容说话极有分量。

五花八门指哪“五花”，哪“八门”？

五花是哪五花？难道是桃花、荷花、菊花、梅花，还有牡丹花？

实际上，“五花”指的并不是花，而是“五花阵”，“八门”指的也不是八个门，而是“八门阵”。五花八门说的是两种排兵布阵的阵法。

后来，五花八门也被说成古代的职业，尤其是那些底层职业，比如说走街串巷的江湖郎中，街边杂耍卖艺的，说相声的……

题 提

扫码听儿歌

tí mù biāo tí hé zhǔ tí
题目、标**题**和主**题**，

fàng zài qián miàn yǐn dǎo nǐ
放在前面引导你。

huí dá wèn tí xiān jǔ shǒu
回答问**题**先举手，

wèn tí jiě jué hǎo shén qì
问**题**解决好神气。

kè táng shàng yào tí qǐ bǐ
课堂上要**提**起笔，

jì xià yí wèn jí shí tí
记下疑问及时**提**。

duō dòng nǎo jīn qín sī kǎo
多动脑筋勤思考，

tí gāo chéng jì méi wèn tí
提高成绩没问**题**。

tí
题：题目　标题　试题　金榜题名

tí
提：提起　提包　提升　提心吊胆

捅
同音字篇
桶

扫码听儿歌

tǒng zì yǒu shǒu cháng rě huò
"捅"字有"手"常惹祸，

lóu zi huò zhě mǎ fēng wō
娄子或者马蜂窝，

tǒng le jiù bǎ má fan rě
捅了就把麻烦惹。

tǒng zhuāng dōng xi jiā li gē
桶装东西家里搁，

mù tǒng shuǐ tǒng sù liào tǒng
木桶、水桶、塑料桶，

bié dāng fàn tǒng ràng rén shuō
别当饭桶让人说。

tǒng 捅：捅破　捅娄子　捅马蜂窝

tǒng 桶：木桶　水桶　饭桶　马桶

退 蜕

同音字篇

jìn hé tuì cháng xiāng duì
进和**退**，常相对，

yǒu jìn yǒu tuì cái bú lèi
有进有**退**才不累。

zhǐ jìn bú tuì shì chāo rén
只进不**退**是超人，

kùn le zǒng děi bǎ jiào shuì
困了总得把觉睡。

chán pí tuì shé pí tuì
蝉皮**蜕**，蛇皮**蜕**，

jiù pí tuì qù chéng xīn ruì
旧皮**蜕**去成新锐。

liàng biàn duō le shì zhì biàn
量变多了是质变，

tuì biàn shēng huá kào jī lěi
蜕变升华靠积累。

扫码听儿歌

tuì
退

退后　退让　退步　倒退

tuì
蜕

蜕化　蜕壳　蜕皮　蜕变

玩 顽 完

同音字篇

扫码听儿歌

玩 W

wán wán wán yì qǐ zhàn
玩、顽、完，一起站，

tā men gè zì yǒu tè diǎn
它们各自有特点。

wán jù wán xiào hé wán shuǎ
玩具、玩笑和玩耍，

wán wù sàng zhì rén wán dàn
玩物丧志人完蛋。

wán tóng wán pí hé wán qiáng
顽童、顽皮和顽强，

bú yào wán gù tǎo rén xián
不要顽固讨人嫌。

wán zhěng wán hǎo hé wán měi
完整、完好和完美，

rén wú wán rén bié qiú quán
人无完人别求全。

wán 玩	玩耍	玩具	玩笑	玩物丧志
wán 顽	顽皮	顽童	顽固	顽强
wán 完	完全	完整	完成	完璧归赵

望 旺

扫码听儿歌

zhàn zài gāo chù xiàng yuǎn wàng
站在高处向远**望**，
yǎn hán xī wàng hé kě wàng
眼含希**望**和渴**望**。
rén rén jìng yǎng yǒu míng wàng
人人敬仰有名**望**，
bài fǎng péng you jiào kàn wàng
拜访朋友叫看**望**。
xǐ chū wàng wài jīng shén wàng
喜出**望**外精神**旺**，
tā jiā rén dīng hěn xīng wàng
他家人丁很兴**旺**。
shuō shì wàng nián shōu cheng hǎo
说是**旺**年收成好，
měi jiǔ ná chū dà jiā cháng
美酒拿出大家尝。

wàng **望**：眺望　看望　希望　名门望族

wàng **旺**：旺盛　旺年　旺季　人丁兴旺

危 威

扫码听儿歌

wēi hé wēi shuí pà shuí
“危”和“威”，谁怕谁？

gēr liǎ pèng miàn yì qǐ chuī
哥儿俩碰面一起吹。

wēi xiǎn wēi nàn rén rén wèi
危险、危难人人畏，

bìng wēi zhī rén nán bǎo quán
病危之人难保全。

wēi fēng wēi yán yǒu quán wēi
威风、威严有权威，

wēi hè shuí gǎn duō jù zuǐ
威吓谁敢多句嘴？

gēr liǎ shuí dōu bú pà shuí
哥儿俩谁都不怕谁，

zuǐ wāi yǎn xié tuò mo fēi
嘴歪眼斜唾沫飞。

wēi 危：危险 危害 危难 正襟危坐

wēi 威：威风 威严 威力 威胁

文 闻

同音字篇

扫二维码观看
汉字小动画

wén hé wén zhù duì mén
“文”和“闻”，住对门，

huó pō de wén ài chuàn mén
活泼的“闻”爱串门。

wén yǒu wén huà shì wén rén
“文”有文化是文人，

xiě wén zhāng sòng shī wén
写文章，诵诗文，

chuán chéng wén míng shuō gǔ jīn
传承文明说古今。

wén fā xiāo xi hái jiàn qún
“闻”发消息还建群，

xīn wén chuán wén hé jiàn wén
新闻、传闻和见闻，

yào dāng chuán bō xiǎo dá rén
要当传播小达人。

扫码听儿歌

wén
文：文字　文化　文明　文过饰非

wén
闻：听闻　新闻　传闻　闻鸡起舞

窝 蜗

同音字篇

扫码听儿歌

yàn zi xián ní lái lěi wō
燕子衔泥来垒窝，

máng lǐ máng wài hěn kuài huo
忙里忙外很快活。

wō niú hào qí tàn tóu wèn
蜗牛好奇探头问：

nǐ zhè shì zài gàn shén me
你这是在干什么？

lěi wō lěi wō zài lěi wō
垒窝、垒窝在垒窝，

yǒu jiā jiù děi yǒu gè wō
有家就得有个窝。

wō niú yì tīng hēi hēi lè
蜗牛一听嘿嘿乐，

wǒ de wō zài bèi shàng gē
我的窝在背上搁。

wō 窝：鸟窝　酒窝　窝棚　窝藏

wō 蜗：蜗牛　蜗角　蜗居　耳蜗

乌 污

扫码听儿歌

wū yā shēn chuān hēi lǐ fú
乌鸦身穿黑礼服，

fēi dào shuǐ biān dǎ zhāo hu
飞到水边打招呼。

wū shuǐ kēng bǎ pào pao tǔ
污水坑把泡泡吐，

ài dā bù lǐ bú zài hu
爱答不理不在乎。

wū yā shēng qì huàn wū yún
乌鸦生气唤乌云，

yào xià dà yǔ bǎ qì chū
要下大雨把气出。

shuǐ kēng péi lǐ biàn mó shù
水坑赔礼变魔术，

fān dòng wū ní shuǐ gèng wū
翻动污泥水更污。

wū 乌：乌鸦　乌云　乌黑　乌合之众

wū 污：污水　污泥　污浊　污染

心 新

扫码听儿歌

扫二维码观看汉字小动画

X

zuò wén xiě chū xīn zhōng xiǎng
作文写出**心**中想，

zhēn qíng shí gǎn hǎo wén zhāng
真情实感好文章。

xīn si líng lóng pà xún cháng
心思玲珑怕寻常，

bié chū xīn cái bù yí yàng
别出**心**裁不一样。

xīn shū zhuō, xīn kè táng
新书桌，**新**课堂，

xué shēng chuān zhe xīn yī shang
学生穿着**新**衣裳，

kāi xué zhè tiān lái bào dào
开学这天来报到，

xiào yuán dào chù xīn qì xiàng
校园到处**新**气象。

xīn **心**：心脏　心灵　中心　别出心裁

xīn **新**：新旧　新鲜　新闻　推陈出新

jǐn bǎng tí míng　jǐn bǎng tí míng
金榜题名—金榜提名

金榜题名（jǐn bǎng tí míng）：本义是指科举时代考生考中进士，荣登殿试录取榜单之上，后泛指考试被录取。

例句：猪小戒祝考生们考试顺利，金榜题名。

如果你错写成了**金榜提（tí）名**……

"提"字的意思是拎起、垂手拿着、举出、指出、提取等，如提出、提问等；"题"字则是有写上、签署的意思，如题词、金榜题名等。

bié chū xīn cái　　bié chū xīn cái

别出心裁—别出新裁

bié chū xīn cái

别出心裁：与众不同的新观念或办法。形容诗文、美术、建筑等的构思设想独具一格，与众不同。

例句：猪小戒的想法总是别出心裁，非常有创意。

xīn

如果你错写成了**别出新裁**……

"新"和旧相对，指刚出现或刚经验到的，如新鲜、新人等；"心"字的本义是心脏，引申指人的思想和感情，如用心、伤心等。

休 修

同音字篇

xiū　shì xiū xi hé tíng zhǐ
"休"是休息和停止，

lí kāi fán máng bèn xiàng shī
离开繁忙奔向诗。

xiū yǎng shēng xī zài xù lì
休养生息再蓄力，

míng tiān yòu shì yáng fān shí
明天又是扬帆时。

xiū cí xiū jiǎn hé xiū zhì
修辞、修剪和修治，

zhuī qiú wán měi cháng xiū shì
追求完美常修饰。

duō dú hǎo shū duō zǒu lù
多读好书多走路，

zēng jiā xiū yǎng hé jiàn shi
增加修养和见识。

扫码听儿歌

xiū
休

休息　休闲　休假　休养生息

xiū
修

修饰　修建　装修　修养

醒 省

扫码听儿歌

qīng chén dà mèng hái méi xǐng
清晨大梦还没**醒**，

ěr biān chuán lái nào líng shēng
耳边传来闹铃声。

hā qian lián tiān qiǎng xǐng lái
哈欠连天强**醒**来，

liáng shuǐ xǐ liǎn rén qīng xǐng
凉水洗脸人清**醒**。

xué xí gǔ rén rì sān xǐng
学习古人日三**省**：

yī xǐng shì fǒu jiǎng wèi shēng
一**省**是否讲卫生？

èr xǐng jiāo yǒu kě zhēn chéng
二**省**交友可真诚？

sān xǐng zuò yè kě wán chéng
三**省**作业可完成？

xǐng
醒

睡醒　醒来　清醒　提醒

xǐng
省

反省　省亲　发人深省　不省人事

序 绪

扫码听儿歌

āi gè bào míng jiǎng cì xù
挨个报名讲次**序**，
pái duì shàng chē shǒu zhì xù
排队上车守秩**序**。
fán shì shuō chū sān èr yī
凡事说出三二一，
shùn xù jiù shì yǒu tiáo lǐ
顺**序**就是有条理。
qiān tóu wàn xù bié zháo jí
千头万**绪**别着急，
lǐ qīng tóu xù nǐ kě yǐ
理清头**绪**你可以。
qíng xù sī xù hé xīn xù
情**绪**、思**绪**和心**绪**，
lián mián sī niàn bǎ rén yì
连绵思念把人忆。

xù
序：顺序　排序　秩序　序言

xù
绪：头绪　情绪　思绪　千头万绪

享 想

扫码听儿歌

yǒu hǎo dōng xi bié dú xiǎng
有好东西别独**享**，

fēn xiǎng chu lai dà jiā cháng
分**享**出来大家尝。

nǐ bāng wǒ lái wǒ bāng nǐ
你帮我来我帮你，

xīn zhōng yǒu ài cái yáng guāng
心中有爱才阳光。

mèng xiǎng néng fēi yǒu chì bǎng
梦**想**能飞有翅膀，

gǎn xiǎng gǎn pīn shào nián láng
敢**想**敢拼少年郎。

fán shì bú yào xiǎng dāng rán
凡事不要**想**当然，

jiǎo tà shí dì bù xū wàng
脚踏实地不虚妄。

xiǎng **享**：享受　享福　分享　坐享其成

xiǎng **想**：想念　想法　思想　理想

向
项

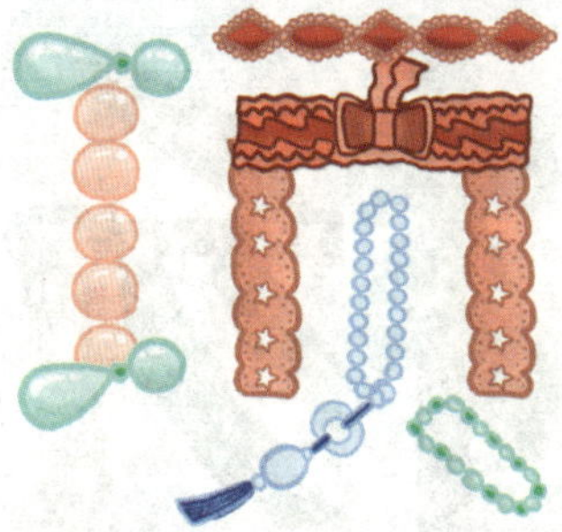

扫码听儿歌

xiàng hé xiàng bù yí yàng
“向”和“项”，不一样，

yǒu shá qū bié tīng wǒ jiǎng
有啥区别听我讲。

xiàng shì fāng xiàng hé mù biāo
“向”是方向和目标，

cháo xiàng zhǐ xiàng hé zhì xiàng
朝向、指向和志向，

rén men xiàng wǎng dà tuán jié
人们向往大团结。

xiàng shì bó zi rén rén zhǎng
“项”是脖子人人长，

xiàng liàn xiàng quān hé jǐng xiàng
项链、项圈和颈项，

bái é qū xiàng bǎ gē chàng
白鹅曲项把歌唱。

xiàng
向

方向　朝向　志向　天天向上

xiàng
项

颈项　项链　项目　强项

杨 扬

扫码听儿歌

yáng zì yǒu mù yáng shù zhǎng
“杨”字有“木”杨树长，

bái yáng qīng yáng hé hú yáng
白杨、青杨和胡杨。

yáng liǔ yī yī dào liǎng páng
杨柳依依道两旁，

sòng bié qīn yǒu qù yuǎn fāng
送别亲友去远方。

yáng zì yǒu shǒu shǒu gāo yáng
“扬”字有“手”手高扬，

yáng méi yáng fān qù yuǎn háng
扬眉、扬帆去远航。

zhǐ gāo qì yáng bù kě qǔ
趾高气扬不可取，

yáng míng yào kào běn lǐng qiáng
扬名要靠本领强。

yáng 杨：杨树　白杨　杨柳　杨梅

yáng 扬：扬手　扬帆　扬名　飘扬

义 意 异

yì yì yì bù xiāng tóng
义、**意**、**异**，不相同，
shì shá yì si tīng fēn míng
是啥意思听分明：
yì diǎn gāo xuán zhèng dāng zhōng
一点高悬正当中，
yì zì zhòng zài gōng hé zhèng
“**义**”字重在公和正；
xīn yīn jié hé shì xīn shēng
“心”“音”结合是心声，
yì si yì tú hé yì jìng
意思、**意**图和**意**境；
yì shì qí guài hé bù tóng
“**异**”是奇怪和不同，
yì cháng yì duān hé yì néng
异常、**异**端和**异**能。

扫码听儿歌

yì **义**：正义　公义　仗义　深明大义

yì **意**：意思　意志　意愿　情意

yì **异**：异常　异端　奇异　异曲同工

鹰 莺

同音字篇

yīng zhǎo jiān ruì yīng yǎn jí
鹰爪尖锐鹰眼疾，

lǎo yīng fēi luò zhuō xiǎo jī
老鹰飞落捉小鸡。

mǔ jī hù zǐ gǎn pīn mìng
母鸡护子敢拼命，

zhuó de lǎo yīng méi pí qi
啄得老鹰没脾气。

huáng yīng jiàn le shù shāo tí
黄莺见了树梢啼，

zàn měi mǔ jī liǎo bu qǐ
赞美母鸡了不起。

lǎo yīng hài sào máng táo zǒu
老鹰害臊忙逃走，

yīng gē yàn wǔ qìng shèng lì
莺歌燕舞庆胜利。

扫码听儿歌

yīng 鹰：老鹰　鹰爪　鹰犬　猫头鹰

yīng 莺：黄莺　夜莺　莺歌燕舞　草长莺飞

永 勇

同音字篇

yǒng shì hěn duō hěn duō nián
“永”是很多很多年，
shǒu zhǐ shǔ yě shǔ bù wán
手指数也数不完。
rén mín yīng xióng rén mín zàn
人民英雄人民赞，
yǒng chuí bù xiǔ tiān dì jiān
永垂不朽天地间。
xué xí yīng xióng zhēn yǒng gǎn
学习英雄真勇敢，
wèi guó wèi mín tóu kě duàn
为国为民头可断。
cháng huái yǒng qì chéng yǒng shì
常怀勇气成勇士，
bù qī ruò xiǎo hé liáng shàn
不欺弱小和良善。

扫码听儿歌

yǒng 永：永远　永生　永久　永垂不朽

yǒng 勇：勇敢　勇气　勇士　勇往直前

优 忧

扫码听儿歌

yōu hé yōu dōu yǒu yóu
“优”和“忧”，都有“尤”，

yì si tū chū jì xīn tóu
意思“突出”记心头。

tū chū zhòng rén shì yōu xiù
突出众人是优秀，

yōu liáng yōu děng hé yōu měi
优良、优等和优美，

dōu bǐ xún cháng gāo yì chóu
都比寻常高一筹。

yōu shì xīn tóu tiào bù xiū
“忧”是心头跳不休，

yōu shāng yōu huàn hé yōu chóu
忧伤、忧患和忧愁，

xīn shén bù níng rén dān yōu
心神不宁人担忧。

yōu
优

优秀 优良 优等 优点

yōu
忧

忧愁 忧伤 忧患 忧心忡忡

冷知识课堂

两肋插刀，真的是往身上插刀子吗?

这个词有点儿吓人，往身上插刀子，这得多疼啊?

别害怕，这就是一个误会。实际上，“两肋”指一个叫两肋庄的地方，“插刀”是岔道的谐音。

据说秦琼在县城里当差时，被派去抓捕一伙强盗，其中就有他的朋友。为了搭救朋友，秦琼故意带人在两肋庄岔道走错了方向，因此受到牵连差点儿丧命。

虽然不是往身上插刀子，但是秦琼重情义，敢于为朋友冒险却是真的。

鸣金收兵是什么道理?

鸣金?金子又不是公鸡，它还会打鸣不成?

“金”可不是黄金，而是金属，“鸣金”就是敲打金属做的东西。在古代战场上，如果一方敲打铜锣，双方就会停止战斗，各自撤退。

为什么会有这样的规定?金在五行中代表着收敛，而且“金”这种铜制乐器声音浑厚，穿透力强，便于士兵听到撤退信号，于是古人制定了鸣金收兵的规矩。

冷知识课堂

乱七八糟中的“七”和“八”指什么?

七和八怎么就乱遭了？这两个倒霉数字为什么会和乱遭联系起来？

乱七八糟实际上说的是古时候的两次战乱。一次是西汉时候的“七国之乱”，另一次是西晋时候的“八王之乱”。

这两次战乱都搞得天下大乱，百姓们可受了罪，后来就被合成了“乱七八糟”这句成语。

为什么有钱有势的女婿叫金龟婿?

难道这女婿长得像乌龟？嘿嘿，把女婿叫金龟，这叫法够奇葩。

我们现在一说到乌龟，会觉得它有些搞笑，可是在唐朝，乌龟却很受重视。武则天曾规定，官员身上都要佩饰龟符和龟袋，以显示身份尊贵。三品以上的用金龟，五品以上的用银龟。

佩戴金龟逐渐成了身份高贵的象征，人们心中的理想女婿也被叫成了“金龟婿”。

元 原

扫码听儿歌

dì yī shǒu yào jiù shì yuán
第一、首要就是“元”，

yuán xiōng yuán shǒu hé yuán nián
元凶、元首和元年。

xīn nián tóu tiān shì yuán dàn
新年头天是元旦，

kǎo dì yī de shì zhuàng yuan
考第一的是状元。

zuì chū běn lái jiù shì yuán
最初、本来就是“原”，

yuán shǐ yuán liào hé yuán jiàn
原始、原料和原件。

kuān shù bié rén jiào yuán liàng
宽恕别人叫原谅，

wù guī yuán zhǔ shì guī huán
物归原主是归还。

yuán 元：元旦　状元　元帅　元首

yuán 原：原来　原料　原始　原谅

园 圆

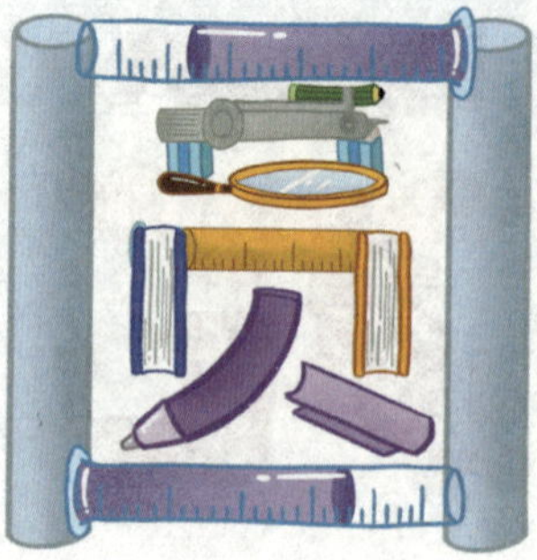

扫码听儿歌

guǒ yuán cài yuán hé tián yuán
果园、菜园和田园，
wǒ men de zǔ guó shì huā yuán
我们的祖国是花园。
gōng yuán yóu xì wán dǎ zhàng
公园游戏玩打仗，
zhǎng dà yǐ hòu bǎo jiā yuán
长大以后保家园。
zhōng qiū jiā jié rén tuán yuán
中秋佳节人团圆，
wéi zuò yuán zhuō xiào kāi yán
围坐圆桌笑开颜。
shǒu ná yuè bing yǎng tóu kàn
手拿月饼仰头看，
tiān shang yuè liang yuán yòu yuán
天上月亮圆又圆。

yuán 园：园子　园丁　公园　家园

yuán 圆：圆形　圆圈　圆满　圆润

在 再

Z

扫码听儿歌

nǐ zài nǎr wǒ zài zhèr
你**在**哪儿？我**在**这儿，

wǒ zài zhè lǐ dāi yí huìr
我**在**这里待一会儿。

zhè lǐ huā cǎo yǒu xiāng wèir
这里花草有香味儿，

hú dié fēi lái yí duìr duìr
蝴蝶飞来一对儿对儿。

nǐ zài nǎr wǒ zài zhèr
你**在**哪儿？我**在**这儿，

zài zài zhè lǐ dāi yí huìr
再在这里待一会儿。

huī shǒu xī yáng shuō zài jiàn
挥手夕阳说**再**见，

sòng bié hú dié yí duìr duìr
送别蝴蝶一对儿对儿。

zài
在

存在　健在　在职　心不在焉

zài
再

再次　再见　东山再起　再接再厉

榨 诈

扫码听儿歌

dà dòu jìn le zhà yóu jī
大豆进了**榨**油机，

zhà chū dòu yóu yì dī dī
榨出豆油一滴滴。

yā zhà dà dòu děi yòng lì
压**榨**大豆得用力，

yā zhà bǎi xìng bù yǔn xǔ
压**榨**百姓不允许。

zhà zì yǒu yán shì qī piàn
“**诈**”字有“言”是欺骗，

huǎng yán huà bǐng lái chōng jī
谎言画饼来充饥。

diàn xìn zhà piàn jīng cháng jiàn
电信**诈**骗经常见，

bǎo chí qīng xǐng hé jǐng tì
保持清醒和警惕。

zhà **榨**：榨油　榨取　压榨　榨菜

zhà **诈**：欺诈　诈骗　狡诈　敲诈勒索

张 章

扫码听儿歌

gōng shàng xián lái jiù shì zhāng
弓上弦来就是“**张**”，

zhāng gōng dā jiàn shè tiān láng
张弓搭箭射天狼。

xīn li jǐn zhāng hē bēi jiǔ
心里紧**张**喝杯酒，

jiǔ diàn jīn tiān xīn kāi zhāng
酒店今天新开**张**。

yīn yuè jié shù shì yì zhāng
音乐结束是一**章**，

yuè zhāng zhāng jié hé wén zhāng
乐**章**、**章**节和文**章**。

rú guǒ zuò shì méi zhāng fǎ
如果做事没**章**法，

zá luàn wú zhāng dào chù máng
杂乱无**章**到处忙。

zhāng
张

张开　紧张　夸张　东张西望

zhāng
章

章节　乐章　文章　顺理成章

帐 账

扫码听儿歌

zhàng peng zhā zài hé biān shang
帐篷扎在河边上，

yǎn qián gāo liang qīng shā zhàng
眼前高粱青纱帐。

wǎn shang wàng jì guà wén zhàng
晚上忘记挂蚊帐，

dīng qǐ dà bāo yì háng háng
叮起大包一行行。

cì yang cì yang zhēn cì yang
刺痒、刺痒、真刺痒，

wén zi bié pǎo suàn bǐ zhàng
蚊子别跑算笔账。

bā zhang suàn zhàng pā pā xiǎng
巴掌算账啪啪响，

yì xiǔ méi shuì nǎo ké zhàng
一宿没睡脑壳胀。

zhàng
帐：帐篷　蚊帐　营帐　青纱帐

zhàng
账：账本　账号　欠账　秋后算账

真 珍

J

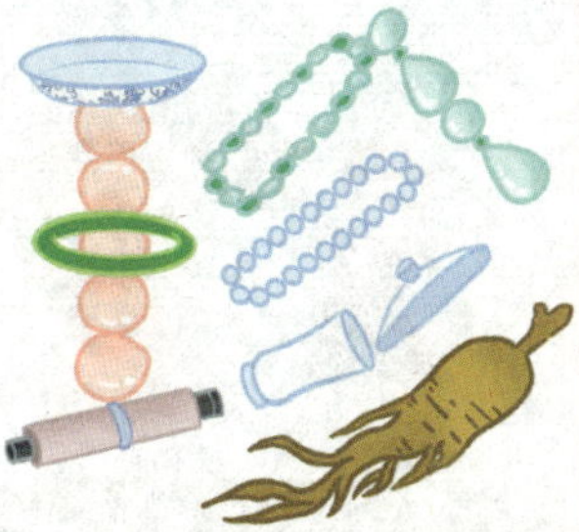

扫码听儿歌

què shí cún zài jiù shì “zhēn”,
确实存在就是“**真**”,

zhēn shí、zhēn zhèng hé zhēn xīn。
真实、**真**正和**真**心。

dài rén zhēn chéng bù xū jiǎ,
待人**真**诚不虚假,

zhēn cái shí xué bàn zhōng shēng。
真才实学伴终生。

zhū yù bǎo wù jiù shì “zhēn”,
珠玉宝物就是“**珍**”,

zhēn zhū、zhēn bǎo hé zhēn qín。
珍珠、**珍**宝和**珍**禽。

qí zhēn yì bǎo rén rén ài,
奇**珍**异宝人人爱,

bù rú zhēn qíng yí cùn xīn。
不如**真**情一寸心。

zhēn 真：真实　真诚　认真　真才实学

zhēn 珍：珍宝　珍珠　珍贵　珍惜

振 震

扫码听儿歌

zhèn hé zhèn róng yì hùn
“振”和“震”，容易混，

yòng de shí hou yào jǐn shèn
用的时候要谨慎。

zhèn shì huī dòng hé xīng qǐ
“振”是挥动和兴起，

zhèn dòng zhèn zuò hé zhèn fèn
振动、振作和振奋，

zhèn lóng fā kuì rén jīng shen
振聋发聩人精神。

jù liè chàn dòng jiào zuò zhèn
剧烈颤动叫作“震”，

zhèn hàn zhèn dàng hé dì zhèn
震撼、震荡和地震，

zhèn nù shì rén tài jī fèn
震怒是人太激愤。

zhèn 振：振动　振幅　振奋　振振有词

zhèn 震：震撼　震颤　地震　震惊

植 值

扫码听儿歌

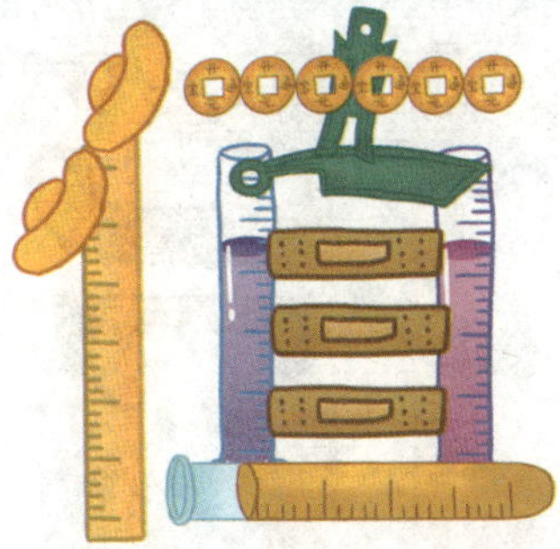

zhí hé zhí dōu yǒu zhí
“植”和“值”，都有“直”，
tā liǎ shì gè shá yì si
它俩是个啥意思？
zhí zì yǒu mù shì zhòng zhí
“植”字有“木”是种植，
péi zhí yí zhí hé zhí wù
培植、移植和植物，
zhí shù shù miáo yào fàng zhí
植树树苗要放直。
zhí zì yǒu rén shì dāng zhí
“值”字有“人”是当值，
zhí qín zhí shǒu hé zhí rì
值勤、值守和值日，
zhí bān zhàn gǎng yāo tǐng zhí
值班站岗腰挺直。

zhí 植：种植　培植　植树　植物

zhí 值：值日　值班　值勤　价值

指

趾

扫码听儿歌

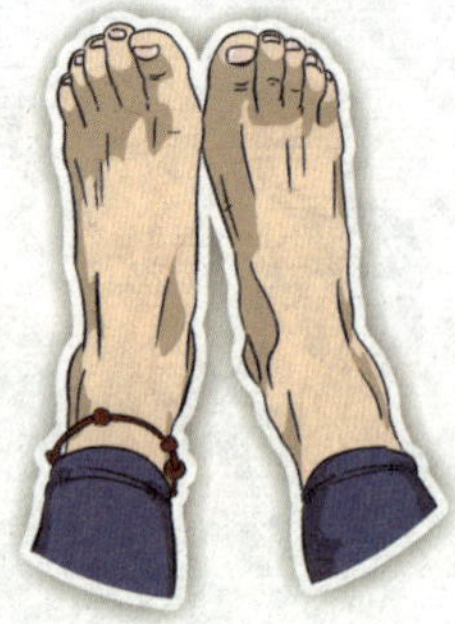

zhǐ de yì si shì shǒu zhǐ

“指”的意思是手指，

shí gēn zhǐ tou tiān tiān shǐ

十根指头天天使。

mǔ zhǐ shí zhǐ hé zhōng zhǐ

拇指、食指和中指，

hái yǒu xiǎo zhǐ wú míng zhǐ

还有小指、无名指。

zhǐ shì jiǎo yā hé jiǎo zhǐ

“趾”是脚丫和脚趾，

běn shēn jiù yǒu liǎ yì si

本身就有俩意思。

zhǐ gāo qì yáng tài fū qiǎn

趾高气扬太肤浅，

jiǎo tà shí dì xué zhī shi

脚踏实地学知识。

zhǐ 指：手指 指甲 指纹 指导

zhǐ 趾：脚趾 趾甲 趾骨 趾高气扬

wén zhàng　　wén zhàng

蚊帐—蚊账

wénzhàng

蚊帐：一种避免蚊子叮咬的帐幕。

例句：猪小戒学会自己安装蚊帐了。

zhàng

如果你错写成了**蚊账**……

"帐"字左边是"巾"字，表示和巾布有关，本义是床帐，引申指张挂以遮蔽的用具，如帐幕、营帐等；"账"字左边是"贝"字，贝壳在中国古代曾用作货币，因此"账"字和货币有关，如账本、账单等。

yuán míng yuán　　yuán míng yuán

圆明园—园明园

yuán míng yuán

圆明园：中国清代的大型皇家园林。

例句：圆明园是中国著名的皇家园林。

yuán　　yuán

如果你错写成了**园明园**……

"圆"字的意思是圆形、完备、周全、团圆等；而"园"是指种植花果、树木和蔬菜的地方，也指供人游览娱乐的场所。